ガイドヘルパーが感動した＼驚きの／チャレンジ

ガイドヘルパー
（同行援護従業者）
村山　茂

視覚障がいがある
10名の“チャレンジ”！

はじめに

パラリンピックのマラソンランナーが伴走者と一緒に走り、見事にゴールインしたときは本人だけではなく、伴走者も完走することができた喜びがあります。さらに入賞できるとマスコミからインタビューをたのまれることもあります。

実はもう一人、そのお二人と同じぐらい喜んでいる人がいます。マラソン会場でマラソンランナーを伴走者に引き継ぐ同行援護従業者です。同行援護従業者はマラソン会場まで無事にお送りしなければなりません。遅れてしまって、大会に参加できなくなったらたいへんです。

それからマラソンランナーは緊張していますので、リラックスできるような話しかけをするのも大切なことです。ご自宅を出られてからベストな状態で走っていただけるように会場まで同行してきました。ですから完走されたときの喜びもひとしおなのです。

視覚障がいがある方のための福祉サービスとして、同行援護従業者が外出の支援を行っています。これは単なる移動支援だけではなく、情報支援を含む外出時の同行に関する支援も行っています。

私は小学校の教員として六十歳の定年まで勤めましたが、この間、子どもたちの学業に対する考え方の柔軟さ、さらにスポーツや芸術の才能を発揮するのを見たとき、感動することがたくさんありました。

そして、定年退職後に同行援護従業者の仕事に就かせてもらいましたが、教員時代と同じように、視覚障がいの方からもたくさんの感動をいただくことになりました。

視覚障がいのある方がこれほど活躍をしていらっしゃることは、私はこの仕事に就かせていただくまではまったく知りませんでした。

本書の第1章では、ガイドヘルパーの私が出会った10名の方々からいただいた感動、驚きのチャレンジ精神を紹介しています。なぜそこまでできるのか、どんな人生を送られてきたのか、これからの夢をお聞きしました。

第2章では、ガイドヘルパーの仕事の一部を紹介します。同行する中で私が「ぜひとも健常者にも知っていただきたいこと」を選びエピソードを交えて紹介します。

なお移動支援以外の内容につきましては、勤務時間外に行っています。本書が、視覚障がい者の方、そしてそのご家族の方に、さらには関係者の方々に、少しでもお役に立つことができれば幸いです。また、健常者の方が、障がい者に対する印象や理解が深まる一助になればこれまた望外の喜びです。

なおガイドヘルパーと言う名称は、身体障がいや聴覚障がい等さまざまな障害によって外出が困難な方のサポートを行う人のことですが、本書では「ガイドヘルパー」の名称を使っています。また外出支援を行う視覚障がいの方も事業所への報告などで使っている、「利用者さん」と言う名称にしています。

2023年9月

村山　茂

◆目次◆

乗り物

行事

大事なことです

第1章
視覚障がいがある10名の"チャレンジャー"

驚きのチャレンジ精神　マラソン

伴走者と2人3脚

スポーツが好きな利用者さんもたくさんいらっしゃいます。特にマラソンは特別な用具がいらないのでグループを作って、大きな川の河川敷等で月に2回ぐらい練習されています。

ガイドヘルパーの仕事は、利用者さんの自宅から練習会場までご案内して、練習が終わるとお送りすることなので、練習中はマラソンの経験豊富な伴走者にお任せします。

伴走者とランナーは1本の輪になったロープを互いに持って、2人3脚のようにして走ります。伴走者はコースの状態や進行方向をタイミングよく利用者さんに伝えて、スムーズに走れるように努力されています。

マラソンをしている利用者さんの中には、かなりの力を持っている方もいらっしゃいます。私がガイドをした利用者さんで、パラリンピックの代表一歩手前まで実力を発揮された方がいました。

8月のとても暑い日でしたが、自宅から徒歩と電車で1時間あまりかけて、お城の敷地内に入り、自動車が通らない道で半日ほど練習されていました。城ですからけっこうきつい坂道が多く、見ているだけでも汗が噴き出してきました。

練習が終わってから、帰りの電車の中でお話をお聞きしました。

「すごく速く走られていて、びっくりしました。このスピードでフルマラソンをされるのですか」

「今日の練習は、坂道を使って足腰を鍛えることに重点を置いています。ですから、あまりスピードは出ていません。坂道がほとんどないところで練習をするときは、本番と同じようにスピードを出します」

「今よりも、もっと速く走るんですか。すごいですね。マラソンの経験は長いのですか」

「いいえ。5年ほど前から始めたんです」

「わずか5年でこれほどまで力をつけられたのですか。それまではどういうことをされえいたのですか。」

「10年ぐらい前までは中学校の音楽教師をしていまして、歌や楽器の指導をしていました」

「中学校の先生だったんですか。そう言えばお話を聞いていると、いかにも学校の先生が話をされる雰囲気があります。それにしても体形を見ていると、体育教師というイメージです」

「ええ、運動も好きで、いろいろなスポーツをやっていました。でも何か1つにしぼって打ち込んだことはなかったです」

ここで、どうして失明されたのかをお聞きしました。

「10年前急に目の病気になりました。それまでは眼鏡もかけたことがないぐらいよく見えていましたが、それから2年ぐらいで失明しました」

「それはショックだったでしょうね」

「もう、何がなんだか分からなくなりました。言葉では言い表すことができません。プライドなんかももうズタズタです。見えないというのは、目の前には何もないと言うことなのです」

「今までできていたごく普通の日常生活もたいへんな努力がいりますね」

これはご本人でなければ、なかなか分からないと思います。そこからマラソンをされるようになったきっかけをお聞きしました。

「時間がたつにつれて、今自分でもできることがないか、いろいろと調べました。視覚障がいがある人も、スポーツや芸術にチャレンジしている人がたくさんいて、その方たちがグループを作っていることが多くありました。私は目が悪くなってから身体を動かすことが少なくなっていて、何かスポーツをしたいと思っていましたので、マラソンを選びました」

「いいスポーツが見つかりましたね。でも、伴走者の協力が必要ですね」

「マラソングループは10人ぐらいで、チームリーダーをはじめみんなとても親切です。私が入会すると全員で歓迎をしていただきました。そして伴走者も最初の練習から来ていただきました」

「伴走者と一緒に、スムーズに走ることはできましたか」

「私は初めてでしたが、伴走していただいた方はすごく慣れておられたので、最初から軽快に走ることができました」

「1本のロープで、うまくいくんですね」

「1本のロープですが、これは目のようなものです。伴走者の手の動きでコースがよく分かるどころか、気持ちも伝わります」

「そしてマラソン大会に出場する実力をつけられてこられたわけですが、マラソングループ以外でも練習されたのですか」

「そうです。伴走者に協力してもらい、大会に備えて練習スケジュールを組んでもらいました」

「マラソンの種類は距離に応じて、フルマラソンとハーフマラソンなどがありますが、どれに参加されていますか」

「たまにハーフマラソンに参加しますが、ほとんどはフルマラソンです」

「日本各地でマラソン大会があるようですね」

「京都府の福知山市や長野市や茨城県のかすみがうら市、そして北海道の函館市にも行きました」

「そうですか、日本全国ですね。優勝されたことはありますか」

「1度、優勝しました。2位になったこともあります。あとは4～5位の成績が多いです」

「すごいいい成績ですね。最高タイムはどれぐらいですか」

「3時間37分です」

「普通のマラソン大会でトップの選手が2時間10分ぐらいですから、伴走者と一緒でこのタイムは驚異的ですね。パラリンピックに出られそうにも思いますが」

「はい、これからも練習に励んで、パラリンピックを目指していこうと思います」

「期待しています。頑張ってください」


中学の音楽教師を歩むはずだった人生に突然訪れた現実。暗転した人生にマラソンという灯に出会い、その仲間や伴走者と目標にむかって走り続ける。

その「チャレンジ精神」に乾杯です。


そして、この目標実現に欠かせないのが伴走者です。

伴走者はリタイアするわけにはいきませんから、責任重大です。伴走者の方とお話ができる機会があったので聞いてみました。

「伴走者は元マラソン選手だとお聞きしていますから、視覚障がいの方と余裕で一緒に走られるのですか」

「伴走者によって十人十色ですが、私の場合は現役を退いてから少し日数が経っていましたので、伴走者をやることが決まってから1日に数十キロ走ったり筋肉トレーニングをしたりしています。それでも余裕をもつまではいきません。むしろ1人で走っていたときよりも緊張します」

「そうでしょうね。ピアニストの方に聞いたことがあります。ソロで大曲を弾くときよりも、比較的簡単な曲でも歌の伴奏のほうが緊張することもあるそうです」

「少しでも緊張をしないように、また資格障がいの方の気持ちに寄り添うことができるように、はじめはアイマスクをして視覚障がいの日常生活の体験をします。それに慣れてきたら視覚障がいのマラソンの体験をします。つまり、ベテランの伴走者と1本のロープでつながれて走ります」

「いくら元マラソン選手でも、こわいことはなかったですか」

「歩くだけでもこわかったです。でも慣れてくると伴走者のリズムが伝わってくるみたいになって安心して走れました」

「そうやって修得していくのですね」

「次はこちらが伴走者の役で、ベテランの方はアイマスクをしてもらって視覚障がいの役です。最初は歩幅がせまくなったり、手の振り方が小さくなったりして、こちらの不安な気持ちが相手に伝わってしまうことがありました。練習していると自然に相手の動作に合ってきました」

「難しいことも多いんですね。そしてマラソン大会のときは、体調も整えておかなければなりませんね」

「私の場合、大会の3日ぐらい前からはアルコールを慎むようにして、食事や睡眠等でしっかり調整します」

「たいへんなんですね。でもそれだけしっかり準備されていると、ランナーにも自信が伝わりますね」

「大会本番でランナーの障がい者がいい成績をとると、いままでの苦労は吹っ飛んでしまい、喜びは倍以上です」

「ありがとうございました。伴走者の方のご活躍とランナーの方のこれからの良い成績を期待します」

障がい者マラソン、２人３脚の大変さ、素晴らしさを実感することができました。伴走者の皆さんの「チャレンジ精神」には感謝です！

パソコン教室
驚きのチャレンジ精神

先生も視覚障がい者です

利用者さんの中にはパソコンを使われる方も多いです。また、これから使ってみようという方もけっこういらっしゃいます。そのため、視覚障がい者のためのパソコン教室が開かれているところがあります。

私がガイドをした方は初めてパソコン教室で学ばれるので、ご自宅を出られたときからかなり緊張されていました。

「パソコンには興味があったんですけど、1回もさわったことがないので、自分にはとうてい無理だと思っていました。それが最近、同じ視覚障がいがある友人が、一度参加しただけでかなり操作ができるようになったというので私にも勧めてきました。そこで思い切って行く決心をしたのです。でも今になってドキドキしてきました」

「お気持ちよく分かります。私が今までガイドをした中で、初めてパソコン教室に参加された方はほとんどそのようなお話をされました。パソコン教室の近くに来たのに『引き返したい』と言われた方もいらっしゃいます」

「えっ、そこまで来て引き返したのですか」

「私は利用者さんが行きたいところに、安全に同行するのが役目ですので、私見を述べることはできません。ですから『引き返して』と言われたらその通りにします。ですがそのとき、言葉では『引き返したい』ですが、表情や身体全体を見ると参加したい気持ちが大きいように感じました」

「そうですね。不安な気持ちと、やりたい気持ちがあります」

「その方にも、初めて参加された方の感想をお伝えしました。『参加すると自分でも操作ができることが分かり、どんどん自信がついてきて、帰る時間になってもほとん

どの人がまだキーをたたいているぐらいです』。そのようにお話すると、停まっていた足がすぐに教室の方へ向きました
「そうですか、よかったです。口には出さなかったですが、実は私も引き返したい気持ちがありました。でも、チャレンジします。ところでパソコン教室の先生は、こわくはないですか」
「実は、この教室の先生も全盲の方です。ですから習いに来ている人の気持ちが分かるので、とても親切に分かりやすく教えてくれます。それにサポートスタッフの方が、一人ずつついてくれます」
「ありがとうございます。なんだか、早く学びたくなりました」

パソコン教室には2人用の机が8台あり、それぞれの机にパソコンが1台置いてあります。先生は、8人の生徒と8人のサポートスタッフの前で一斉に分かりやすく操作の説明をされたあと、一人一人ていねいに個人指導をされていました。

生徒も同じ立場に立って教えてもらえる安心感から、基礎的な内容の質問もどんどんしていき、情報を吸収されていく様子でした。

学習が終わってから、パソコン教室の感想を複数の方にお聞きしました。

「今まで自己流でやっていたので無駄な操作が多かったけど、これからはスムーズにできそうです」

「難しいのではないかと心配でしたが、先生やサポートスタッフの方がとても親切で、しかも分かりやすかったです」

「この教室で学ばせていただいて、パソコンを買ってもっと勉強してみようという気持ちになりました」

「どの生徒さんもとても明るくて、いい雰囲気でした」

そして私と一緒に来た方も「次のパソコン教室もぜひ参加します」

と満足感があふれていました。

パソコン教室の先生は、初心者コースから上級者コースまで指導されています。また1対1の個別指導も受け入れられています。

別の日に私がガイドをした方は、パソコンにはかなりの知識を持っておられ、さらに磨きをかけられるための個別指導を受けられるようで、下調べだけでもかなりのデータを持参されていました。

「そのキャリアバックに入っているのは、パソコンですか」

「そうです。その他にソフトも入っています。また家に帰ってから復習できるように、録音機もです」

「家でも学ばれるのですか。熱心ですね」

「限られた時間なのに、こちらが学習したいことを盛りだくさんお願いするんです。それでも先生は1つ1つ、分かりやすく説明してくれます。そのため、やや早口になりますので多少聞き逃しがありますから家で補います」

個人指導が始まり、先生とのやりとりで専門的な用語が飛び交い、こちらとしてはチンプンカンプンで、画面の内容について尋ねられたらすぐに答えが出せるようにそれを注視しているだけです。先生が私に、

「画面の中央ぐらいに、半角の小さな数字とアルファベットが合わせて８ケタ表示されていると思いますので、それを読んでいただけますか」

「はい。ａｂ○○12○○です」

「ありがとうございます。このパスワードだけはこちらでも調べると時間がかかるので、早く打ち込めました」

そのほか、画面に書いてある文字はコンピューターがしゃべってくれるので、視覚障がいがある方はそれで内容が分かります。速さは自由に調整できますので、ゆっくりとしゃべってもらうと初心者でもよく分かります。

しかし２人とも慣れていらっしゃるので、最速に設定されており、とても早口でこちらは画面を見ながらなんとか分かりますが、それを瞬時に把握できるのには驚きま

した。まるで未来からやって来た2人が話しているようなのです。

個人指導が終わって先生に、パソコン歴などをお聞きしました。

「パソコンの先生になるには、相当努力されたと思いますが」

「その通りです。でも私は生まれたときから全盲なのでそれが普通です。だから見えるということがどういうことなのか分からないので、比較とかはせずに自分なりの努力をしました」

「パソコンをどこかで習われたのですか」

「東京のほうで私たちのような視覚障がいのある人が、本格的に教えてもらえるところがあったので3年間指導を受けました」

「同級生の方はいらっしゃるのですか」

「指導を受ける年数に少しちがいはありますが、10人ぐらいはいます。ほとんどの人は私よりも1段も2段も上手で、指導を受けたことをどんどん吸収されていますので、私もその影響を受けてなんとかついていくことができました」

「それが終わってから、今のお仕事をしていらっしゃるのですか」

「いいえ。それからがまだまだで、こちらが指導をする技術を磨くために知人にたよって研究をしていき、それから2年ほどしてからやっと今のところに置いてもらうことができました」

先生は生まれながらの全盲であると話されました。

パソコンに習熟されるまで大変なご苦労をされていたと思いますが、そんな雰囲気はみじんも感じませんでした。

健常者を教えるのにも一苦労なのに、障がい者を教えるという道を選択された先生には尊敬の念しか浮かびません。

「学んでからも苦労されたのですね。でも今はたくさんの人から共感を得ていると思います。やりがいを感じるのはどういうときですか」

「生徒さんの知識や技能が少しでも身についたということはもちろんですが、楽しみながら学んでいただいたことがいちばんです。そして、やはり学習が終わってから『親切に教えていただき、とても分かりやすかったです。また教えてください』と声をかけていただいたときが最高ですね」

「パソコンの知識がたくさんある人から、やり方などで批判のようなことを言われたことはなかったですか」

「厳しく言われたことは今までなかったですが、学習の進め方について提案をされたことはあります。こちらとしては講師とはなっていますが、常にみなさんと一緒に学んでいこうと思っていますから」

「素晴らしいお考えです。それに尽きます」

最後に、これから目指すものは何かをお聞きしました。

「どんなことでもそうですが、パソコンなど、ＩＴ技術は常に進化しています。昨日のことが今日は通じないこともあります。取り残されないように東京で一緒に学んだ人たちとも情報を交換しながら、これからも研究していきます」

「ありがとうございました。これからも大勢の受講生をお連れしますのでよろしくお願いいたします」

「驚きのチャレンジ精神」、ここにも、常に努力を続ける方たちがいました。

驚きのチャレンジ精神

御師匠さん

2つのうちから1つ選んだ

利用者さんのなかに、音楽大学を卒業されてから箏と三味線での演奏会をたくさん開かれる方がいらっしゃいます。お弟子さんもたくさんいらっしゃって、視覚障がいの方よりも健常者の方が大半です。演奏会には、いつも大勢のお客さんが聴きに来られています。

演奏会場まではご自宅から電車やバスなどの交通機関で移動されることが多く、ラッシュの時間帯にかかることもままあります。ご本人の安全に注意するのはもちろんのこと、箏などの楽器が破損したりしないか、また他の乗客の邪魔になっていないかを見守ります。

駅から演奏会場までの交通手段は事前に調べておき、バスの場合は電車よりも揺れることがあるので特に注意します。会場に到着したらまず控室に、楽器などの準備ができると舞台や練習場にご案内します。

ある日のことですが、この方が、芝居の効果音を依頼され舞台上で前半が三味線、後半が箏の演奏をされたことがありました。私は舞台上までガイドをして、座る椅子の位置が楽器を演奏しやすいかを確認しました。終わったら舞台袖で待機して急な移動に備えます。

本番前のリハーサルに立ち会うこともあります。出演される皆さんはもちろんのこと、演出家も芝居の監督も気合が入ります。ほとんどは出演者に対するアドバイスですが、ときには「もう少しだけ箏が出るタイミングを遅くして」といった要望もあり、私まで緊張します。舞台袖からみていると演出家のすごさが実感でき、芝居の魅力が増しました。

ガイドをさせていただいたときに、お話をお聞きすることが出来ました。

「演奏会は年に何回ぐらいなさっているのですか」

「大きな会場での独演会などは、年に2～3回です。その他、弟子が演奏するする発表会や、他のグループと合同で参加する演奏会が、これも年に2～3回です」

「そんなにたくさんの演奏会をされているんですか。ご指導や個人練習などで休む暇がないですね」

「個人練習は朝の5時ぐらいからやって、時間を有効に使っています。なお、自宅からお隣のお家まではかなり離れていて防音対策も行っています」

そんなに早くからお師匠さんでも練習をされるんですね。その成果が、演奏会にもあらわれていると感じました。ところで、邦楽の道に進まれたのは何かきっかけがあったのかお聞きしました。

「私は今70歳代ですが、若い頃の時代は目が不自由な人が就く仕事は、マッサージと邦楽の2つだけだったんです。私はそのうちの邦楽を選んだだけです」

「たった2つだけですか。今はもっと多いですね」

「今でもマッサージの仕事をしている人は多いですが、コンピューター関係、学校の先生、さらにカウンセラーや弁護士、それに音楽関係でもピアニストや声楽など、さまざまな職種で活躍されていますね」

「当時はほんとうに選択肢が少なかったのですね。それにしても趣味ではなくて、仕事で邦楽を選ばれたのは大きな決断をされたのでは」

「それが、あまり迷いはなかったんです。〈春の海〉を作曲した宮城道雄は、幼いころに全盲になって、そのことが音楽の世界へ進むことを決められたそうです。私も自然に音楽のほうに身体が向いた感じでした」

「あの有名な方を目標にされたのはすごいですね。ご両親にはすぐ理解していただけましたか」

「両親とも賛成してくれました。実は私が8歳のときに箏の演奏会に連れて行ってもらってからやりたくなり、すぐに箏を購入してくれました。箏の先生も探してくれて、そこから練習がはじまりました」

「とても厳しい練習だったと思います。邦楽の道を考え直そうと思ったことはなかったですか」

「今は点字の楽譜がありますが、当時は暗譜でしか方法がなかったので、楽譜を覚えるのにかなり苦労しました。それでも、1曲演奏できるようになると、今までに体験したことがないここちよい気持ちになったので、考え直そうとは思いませんでした」

「箏の先生は、やさしかったですか」

「私は音楽大学の邦楽部を目指していました。先生は毎回、努力をすれば無理をせずに達成できる内容の課題を出してくれました。普通の階段を毎日1段ずつ昇っていくようなものですが、それでも1年経てばすごい高さになります。そのカリキュラムを組むのはたいへんだったと思いますが、先生はそのことには一切触れずに、達成したら私の努力を評価してくれたとても素晴らしい先生でした。私は今でもその精神を受け継いで、弟子の課題設定をしています」

「すばらしい恩師ですね。そして大学には合格されたんですか」

「先生をはじめ、たくさんの方にお世話になったおかげで合格しました。そして学校生活も順調で、ストレートに卒業できました」

「それはよかったですね。そこからすぐにプロの世界に入ったのですか」

「それから2年ぐらいかけて、私の箏の先生や知り合いにお世話になって弟子を集め、会を設立しました。その後、箏リサイタル・レコード録音・ラジオ放送出演など様々な活動をしました」

「わずか2年でそれだけ活躍されたんですね。それからはどのような演奏会などをされたのですか」

「10年ぐらい経ってから、地唄をやりました」

「地唄というのはどういう音楽ですか」

「江戸時代に上方を中心に行われた三味線音楽です。当道と言う、盲人音楽家が作曲・演奏をしていました。今は地唄を演奏する人が少なくなったので、後世に残していきたいと考えています。今も毎年演奏しています」

「盲人の方が作曲されたんですか。また私も聴いてみたいです。三味線もされて、他の楽器も演奏されるんですか」

「三弦と言って、中国の三味線です」

「その楽器もまた聴いてみます。ありがとうございました」


芝居が終わってから帰りの電車で、このようなお話をされました。

「芝居の台本は、おおまかに点字で書いていますので、どのタイミングでこの音楽を流すのを決めています。ですがどれぐらいの間になるのかは、セリフの微妙な速さなどで毎回ちがっています。ですから効果音の長さもそれに合わす必要があるので、そこがいちばん神経を使います」

「私には効果音がいつもピッタリとはまっていて、それこそ芝居にいい効果があると思っていましたが、きちんと調整をされていたんですね」

「音の大きさも毎回調整しています。特に普通の練習の時とリハーサルと本番とでは、芝居をしている方の声の大きさがかなりちがうことがあります。また、会場がかわると反響する場合があるからです」

「効果音の役割が大きいことが分かりました。とてもいいお話、ありがとうございました」

1～2カ月に1回の割合で2時間程度、クラシック音楽を聴く会が福祉施設の大ホールで開かれています。生演奏ではなくCDを使ってですが、ホールのスピーカーに接続して行われるので、迫力ある音です。

会場は音楽専用ホールではありませんので部屋が大きいだけですから、聴きに来られる人のためにパイプ椅子を並べておきます。たいていは利用者さんとガイドヘルパーの2人1組ですから2つの椅子を引っ付けてそれを数組用意します。

CDをかけるのを頼まれることがあります。タイミングなど、ずれないようにする必要があるので緊張します。

選曲は箏曲のお師匠さんでもある、会の代表者が決めます。そのときの季節や有名な行事等を題材に選ばれることが多いです。また終わってからリクエスト曲を募り、それが次回に演奏されることもあります。

演奏の前には曲の解説をされます。ＣＤに付属している解説表をそのまま読まれることもありますが、たいていはそれプラスご自身の感想も入れられるので、いっそう興味がわきます。また前回のリクエストから選ばれた曲であれば、リクエストされた人の名前も本人に了解をもらって紹介されます。

演奏が始まるとさすがに大ホールなので、大きなステレオのスピーカーから出る音には圧倒されます。会場をよく見ると、観客の方々はそれぞれ座ったままですが自然に身体が動いていて踊っているようにも見えます。

そのうちお師匠さんも手を動かしている様子があり、それが指揮者のように見えて、会場全体がまるでフルオーケストラのようでした。

「とても盛り上がりましたね。邦楽だけではなくて、いろいろなジャンルの音楽も好まれているんですね」

「そうなんです。音楽大学では邦楽部でも一通りの楽器の学習をしますので、やってみたいと思った楽器もありました」

「邦楽以外の演奏会も聴きに行かれるのですか」

「オーケストラは楽器も多く迫力がある演奏ができるので、その演奏会もよく行きます。小さい音で静かな風景から、大きな音で嵐のような風景になるワクワクした感じがたまりません」

「いいですね。これからもいろいろな音楽活動を続けてください。演奏会も楽しみにしています」

「ワクワク感がたまりません」、70歳をすぎてもご自分の音楽活動を楽しみながら、さらに進化しようとする「チャレンジ精神」は健常者といえどもできない生き方です。

驚きのチャレンジ精神　登山

達成感が大きいです

山登りが好きな方もいらっしゃいます。苦労しながらも、頂上に到達したときの達成感が大きいからです。

一口に登山と言っても、重装備でエベレスト山頂を目指すようなそれなりの技術や経験が必要なものもありますが、ハイキングの延長のように歩いて山頂を目指す方がやはり多いです。

ガイドヘルパーも登る前に登山道を調べておき、山頂に行くまでいくつかルートがある場合はどこが歩きやすいか、そして災害などで山道が閉鎖されていないかも事前に確認します。さらに気象現象にも注意を払います。昼から雷雨になりそうなときや、前日に大雨が降っていたときは山道がぬかるんでいることもあるので、計画の変更も視野に入れます。

後述の『78歳で博士号』の項で紹介する方はスポーツ経験もたいへん経験豊富で、80歳代になってもハイキングや登山をさかんにされています。何回か登山にご一緒させていただいたことありお話を聞くことができました。

「今まで、どのようなスポーツをされていたのですか」

「中学生のころからスポーツは陸上競技一筋です。高校に入ってからは長距離走に絞りました。校内に１人ライバルがいましたので、競い合うのが楽しかったからです。その友人と私は、走ると１位と２位がその都度入れかわり、ゴールに入るのも昨日は彼で今日は私というような状況でした」

「それはお互いに走りがいがありますね。それでずっと陸上を続けられたのですか」

「いいえ。走るのは1年生でやめました」

「せっかく競い合っていたのにもったいないような気がしますが、何かあったのですか」

「実は、友人はどんどん走るのが速くなり、勝てなくなってしまったばかりか、大差がついてしまったのです。おそらく彼は、別のところで指導を受けていたのではないかと思いますし、国体にまで出場しました。その友人とは関係なく、私は私で続けてもよかったのですが、当時は切り替えができませんでした」


よきライバルと思っていたのに…、自分自身に納得できなかったんでしょうね。

「そして2年生からは、もしかして登山ですか」

「そうです。1年生の終わり頃に、山登りの経験が豊富な顧問の先生に出会いました」

この方が長距離走をやめてしまったこと、そのときの彼の気持ち、先生は親身になってをよく聞いてくださったようです。そしてすぐに、

「長距離走をやっていたのだったら、持久力がしっかりとついているはずだから、登

山部がぴったりだ」と入部を勧めていただきました。

「長距離走が役に立ったんですね」

「そうだと思います。山道の長い距離を歩きますがわりと足取りはスムーズでした。しかし重たい荷物を背負ってですから、最初は肩や背中が痛かったです」

「登山部に入って、よかったと思うことはありますか」

「やはり、山の頂上にたどり着いたときですね。もちろん、雲海などの美しい景色には見とれてしまいますが、何といっても苦労して登ってやっとゴールインした達成感です。登山は自分との闘いです。陸上競技も自分との闘いではありますが、やはり他の人と競った順位がとくに注目されます」

陸上競技でライバルとしのぎを削っていたとき、苦労の末、山頂にたどり着いたとき、そのときどきの思い出をしのばれている様子でした。

「今まで登って、よく覚えている山はありますか」とお聞きしました。

「2年生の夏に登った北アルプスの燕岳（つばくろだけ）です。標高が2763mありますが、初心者コースがあって登りやすかったです。途中にはイルカやゴリラの形をした岩もあり、頂上からは槍ヶ岳や八ヶ岳、そして富士山も一望できました」

「陸上以外でも、チャレンジ精神旺盛ですね」

「視野が広がり、新鮮な気持ちになりました。それが顧問の先生に伝わったのか、2年生から入れてもらったのに、いきなり部長を命ぜられました。他の部員は4人だけですが全員賛成してくれました。もっとも、実際の仕事は雑用係のようなものでした（笑）」

「3年生になると受験準備もありで、活動は難しいですね」

「2年生の秋に、奈良県と三重県の県境にある大台ケ原に登ったぐらいです。活動はどの部も2年生で終わりです。それでも私はすっかり山の魅力に取りつかれましたので、大学に行ったらまた山々と再会しようと思いました」

「山はよほど引きつけるものがあったんですね。そして、その通りにできたんでしょうか」

「いいえ。大学では単位取得などがあり、ある程度は予想していましたが余裕がほとんどありませんでした。大学生活は4年間で卒業でき、すぐに高校の国語教師になることができました。それから学校の仕事も忙しくて、山登りはできませんでした」

大学時代、そして教職に就いた社会人時代、現実は思い通りにはいかないことが多かったようです。そして視力を失われました。

「その後目が悪くなって退職し、徐々に心の整理がついていくと、登山にもう一度挑戦してみようと思ったのです」

大阪府にある目的の山は、私はそこが初めてでしたので、数日前に電話で打ち合わせをさせていただきました。そのときに、

「登るコースが3ルートありますが、どこを通るのがいちばん安全なのかもう少し詳しく調べておきましょうか」とお聞きしましたが、

「その山は今まで何回か登ったことがあるので、コースなどはお任せください」

こうおっしゃいました。私はそれ以上、調べませんでした。

実際に登り始めると勾配や山道の状態をほぼ把握されています。

コースの途中で少し坂がきつくなっていたところや、石で作った不規則な階段もあり、また小石が多数ころがっていて、足元がかなり不安定なところがありましたが、順調に進んで行きました。しかし頂上近くになると道がなくなり、道のかわりの割れ目のようなところに上からロープが伸びています。

私は「ここからは、もう道ではないです。割れ目がありますがズバリ崖です。引き返して、別のコースにしますか」と尋ねました。すると、

「いいえ。登るためにロープを設置してくれているので、それで十分です。案外登りやすいですよ」

この状況もきちんと把握されていて、白杖を折りたたんでリュックサックにしまうとロープをつかんでスイスイと登っていかれました。私もそれを真似して、なんとか

頂上にたどりつきました。

「ついに頂上にたどりつきましたね。それにしても歩くだけだと思っていましたが、ロープを使うとは思いませんでした。本格的に登山をした感じです」

「ロープがある山は他にもあります。つかむ物がはっきりとしているので、それをたよりにできますから、かえって安心です」

「歩くスピードもかなりですね。さすがに長距離ランナーから登山部で活躍されていたと感じました」

「一定のリズムが、まだ身についているのかも知れません」

「頂上からは、ここも３６０度見渡すことができます。何が見えているか、ご説明しましょうか」

「ちょっと待ってください。私は今、燕岳の頂上にいるのです。槍ヶ岳や南アルプスの山々を見渡しています。西の方には雲海も見えます。鳥が飛んできました。どうも雷鳥のようです」

「すばらしい眺めですね。私もその情景が頭の中に浮かびました」

「最高です。では実際に見えているのをお願いします」

「名前は分かりませんが、北の方には食パンのような形をしたここよりも少し高い山。南東にはわりと幅が広い川。そして南西には住宅地があります。線路も見えて、電車が走ってきました」

「ありがとうございます。この山はこの山で、すばらしい眺めだと思います。私は電車が好きです。ここから見るとまるで模型のように小さいでしょうね。その動きがたまらないです」

「名前は分かりませんが、鳥も飛んできました。ちょっと風が出てきたようで、雲も広がってきました」

「目が見えたときは感じなかったのですが、風はいつも私のそばにいてくれて、励ましてくれるんです。爽やかな風が私の心を落ち着かせてくれたり、強い風のときは勇気を持たせてくれたりするんです」

「いいことをお聞きしました。何か不自由なことがあっても、それに代わるものがあることが分かりました。ありがとうございました。私も山登りの楽しさがぐんとアップしました」

この方と一緒に登山をした思い出は一生忘れないものとなりました。感謝あるのみです。

驚きのチャレンジ精神

水泳

3km、いっきに泳ぎます

25mプールを60往復、それもクロールで泳ぎきる方がいらっしゃいます。

私の役割はプールサイドへご案内すること。そうするとゆっくりと水に入られて、左右のコースロープの位置を確認される、すぐにスタートです。

右手を1かきするごとにコースロープに軽く触れるようにして泳がれるので、左右にぶれることがありません。25m近くになると手を伸ばしてプールサイドに触れて、両足で蹴ってターンをされます。何かきで端までいくかをいつもの練習でつかんでおられるので、スムーズです。

そして何回ターンをしたのかも数えておられ、最後まで一定した速度でいつも見事に３ｋｍを完泳されます。

私が初めてお会いしたのは、その方が60歳代後半の頃です。50歳代の中頃に目の病気で失明されました。

それから10年余りが経過していますが、あまりにもスムーズに泳がれている姿に、きっと小さい時から泳ぐのが得意で、しかも失明されてからは特別に指導を受けているものだと思っていました。

水泳が終わってその日の昼食時に、３ｋｍを泳ぐようになったいきさつ等をお聞きしました。

がっしりとした体格で、「これぞまさにスポーツマン」がピッタリの方なのでスポーツ歴をお聞きしました。

「目の病気になるまでは、病気とはまったく縁がありませんでした。子どもの頃は健康優良児の候補にもあがったほどです。中学生から大学生まで、長距離の陸上競技を少しかじっていたくらいで、あまり真剣にはやっていなかったです。大学を卒業するとすぐに金融機関に就職して、仕事もバリバリこなして、いわゆるモーレツ社員でした。そしてほとんどの休日はゴルフ場に出かけていましたので、バックスピンができるほどになりましたから、これが自慢できるスポーツです」

「上達されたんですね。もし目の病気がなければ、今頃はプロゴルファーとして活躍されていたかも知れませんね」

「目が見えなくなって日常生活に支障が出たのは気落ちしましたが、それ以上にゴルフができないのがショックでした。入院しているとき、病室はたしか8階だったと思いますが、窓から飛び降りたら全部リセットされて、気が楽になるのではないかと考えたこともあります」

「それはとてもつらかったですね。そこから水泳をしてみようとしたきっかけは何ですか」

「ある日ラジオをつけていると、パラリンピックの実況中継がありました。私が学生時代にやっていたマラソンでした。ちょうど視覚障がい者の部で、伴走者と共にゴールインしたときの感動が胸に響きました。そのときには私もマラソンを復活しようと思ったのですが、それよりも自分１人でできるスポーツはないかと探し、水泳ならばコースロープをたよりに自力でできると思ったからです」

「水泳の経験はあったんですか」

「いいえ、小学校と中学校の体育での水泳だけです。そのときには必死でなんとか25ｍをクロールで泳ぐことができました。泳げないと、夏休みに特訓を受けなければならなかったですから。でも家族や友だちと海やプールに行ったときは水遊びだけで、泳ぐことはしませんでした」

「そうだったんですか。小さいころからスイスイと泳がれていたのかと思っていました。それが今では３ｋｍを一気に泳いで、しかも補助は水に入るときと、終わって水から出るときだけですね。ここに至るまではかなりのハードルがあったと思いますが、水泳教室などに行かれたんですか」

「いいえ、誰からも教えてもらっていません。自分で第1段階から第5段階までのカリキュラムを組んだのです。まず、第1段階は水の中を歩くだけです。最初はガイドヘルパーさんの腕をつかんで、道を歩くようにです。そのときに右手でコースロープの位置や形を確かめます。そして25ｍの距離や水の抵抗を感じ取ります。プールには週に2回行き、1か月ほどは歩くだけでした」

「1か月も歩くだけですか。少しだけでもいいから、泳ぎたくなりませんか。」

「正直泳ぎたかったですが、この歩く練習でコースの長さや幅、そしてコースロープの位置や高さや硬さが目に見えるように分かりました。そして第2段階はクロールでまっすぐに泳ぐ練習です。コースの真ん中に立たせてもらって、ガイドヘルパーさんが歩いて先行しながら、『右右とか左左』とか言ってもらって、カーブしているのを修正しながら泳ぎます。6カ月ぐらいはその練習をしました」

「まっすぐに泳ぐのは難しいですね。私は左手のほうが強いのか、すぐに右へカーブしてしまいます。」

「第3段階はコースロープを右手でわずかに擦れるようにして泳ぎます。これもガイドヘルパーさんが先行して見てもらいます。最初は5かきぐらいずつ練習しますが、コースロープに手が激しく当たるのを警戒して、左カーブになってしまうことが多かったです。3カ月ぐらいはその練習をしました。」

私は正直、この方の緻密な計画と実行力に感嘆しました。

「第4段階は自力で50mを泳ぎます。ただしプールサイドは硬いので、そこには手が当たらないようにガイドヘルパーさんはコースの端に立っていてもらい、ターンをするところに近づくと『壁です』と言ってもらいます。その練習で、何かきするとターンをするかの数を見つけます。2か月ぐらいその練習をしました」

「ガイドヘルパーも、言うタイミングが難しそうですね。ずれてしまうと『痛い』になりますからね」

「どのガイドヘルパーさんもきちんと伝えてくれたので何かきで25mか、その数が早く見つかりました。そして最後の第5段階は、いよいよ誰の手も借りないで3kmを泳ぎます。ガイドヘルパーさんはプールサイドで監視をしてもらうだけです。ただし自分で何かきかを数えながら、しかも25mプールは60往復しますから59回ターンをするので、それも数えながらですから、最初のうちはガイドヘルパーさんにもターンの回数を数えてもらいました」

「約1年で3kmを泳げるようになったのは、地道な練習はもちろんのことで、それ以外にも段階に応じたカリキュラムを立てられたことだったんですね」

いつも使われているプールは大きなスポーツセンターの中にある室内用で、25mプールのほかに50mプールもあり、そこは夏の間だけ利用できます。ただし、競技やアーティスティックスイミングの練習で貸し切りになっていることも多くあります。

50mプールが空いているときは、必ずそこを使われます。ターンをするのが半分になるので、よりスムーズに泳げるからです。

しかし50mプールを泳ぐのにはハードルがあったのです。アーティスティックスイミングができるのですから、かなりの深さがあり足が底に届きません。それからここは室内の温水プールですが、50ｍプールは水量が多いので25ｍプールよりもかなり水温が低くなっています。

私も足を少し水に浸しましたが、かなり冷たくすぐにひっこめました。それでもその方はスムーズに泳いで、25ｍプールよりも速いタイムで完泳です。

「かなり冷たいですね。長く浸かっていると身体の芯まで冷えてくるような感じがしますが大丈夫ですか」

「入水したときは確かに冷たいですが、泳いでいるとしだいに温まってくるんです。最初はオホーツク海に浸っているみたいです。でも泳いでいるうちに日本海から対馬海峡を通って沖縄までやってきてゴールインした気分です（笑）」

「50ｍプールで、いろいろな海の気分を味わえるのですか。とてもロマンチックですね。それとやはり水泳の運動量はかなりのものなんですね」

「かなり疲れますが、３ｋｍを泳ぎ切った充実感はなんとも言えないです。その日の夕飯は特に美味しいです」

「身体が鍛えられていいですね。今現在、そして将来の目標はありますか」

「パラリンピックに水泳選手として出ることですが、今のところ長距離の競技はありません。それでも将来、競技になることを期待して練習に励みます」

「そのときは大きな声援を贈ります」


目標を持ち、そのために日々鍛錬を自分に課す。健常者でもできない生き方です。

その「チャレンジ精神」に学ぶことがありました。

驚きのチャレンジ精神 ウォーキング

めずらしい草花が

70歳を超えた視覚障がい者の方ですが、なんと健康のため1日15kmほど歩かれます。しかも普通の徒歩よりも速く歩かれます。

その方の依頼を所属する事業所から受けたときは、はたして私に務まるか、少し不安もありました。安心したのは、その方が歩かれるコースはほとんどが大きな川の河川敷でした。そこは土や草原が多いので歩きやすく、自然にスピードが上がっていく感じです。

気候にもよりますが、往路の中間で1回、折り返し点で1回、復路の中間で1回休憩します。

河川敷を往復し、行きは川沿いを上ります。半分歩いて少し疲れが出てきたところで、帰りは川沿いを下りますがスピードは行きとほぼ同じです。しかもその川は右岸と左岸の両方が河川敷になっているので、行きは右岸、帰りは左岸を通り、おのおのコースの変化も楽しめます。

1日に15km も歩かれているので、いつごろからはじめられたのかお聞きしました。

「10年ぐらい前からですが、15kmは目が悪くなってから2年ぐらいしてからです」

「その2年間に、少しずつ歩く距離を増やされたんですか」

「いいえ。私の場合は急に目が悪くなって、1か月ぐらいで1・2の視力が0になりました。それまでは仕事でマイクロバスの運転もしていました。しばらくはショックなのと、外に出るのがこわかったので、ほとんど家に閉じこもっていました」

本当にショックだったと思います。閉じこもりがちになるのが普通です。

家族に対する思いもあります。

「外に出るのは、妻に手伝ってもらって検診のため眼科に行くぐらいでした。本当は外に出て思い切り走りまわりたいぐらいでしたが、家族に手伝ってもらわなければならないので、なかなか言い出せなかったのです」

たしかに、奥さんだとかえって頼みにくいことはあるかもしれない。比較にはならないが、私も自分の服を買うとき、似合っているかを見てほしいので妻に頼むときに顔色をうかがっていることがあります。

「それから現在まで、どのようになっていったのですか」

「1年あまり眼科に通っていたときに妻から、『名札を付けた方と白杖を持っている人とが一緒に入ってこられて受付をしているの。名札を付けている方はとても慣れている様子なので、白杖を持てる人も安心されているようで、スムーズに診察券や保険証を出されてたわ』と話してくれました」

それまで、視覚障がいがある人への外出支援の方がいるのは聞いてはいましたが、身近にしてもらえることではないと勝手に思いこんでいたようです。

「家に帰ってからさっそく調べてもらい、ガイドヘルパーさんのことを詳しく知りました。そして、さっそく事業所に連絡をして必要な手続きも済ませて、これ以後家族の手を借りずに外出できる1歩がはじまりました」

「たくさん外出できるようになってよかったですね。どうですか、ガイドヘルパーには気を使うことはなかったですか」

「最初のうちは、次に来ていただくガイドヘルパーさんがどんな方か、また男性か女性かだけでも、少しドキドキしました。特に女性の場合はどんな話をしていったらいいか、考え込むこともありました。それでもお会いすると気さくな方が多く、楽しい話をしながら安心して歩くことができて足取りも軽くなりました」

「それから少しずつ、歩く距離を伸ばされたのですか」

「そうなんです。家族に連れてもらって眼科に行ったときはタクシーを使っていましたのでほとんど歩きませんでしたから、最初は家の近くだけを歩きました。周辺の地理は分かっていましたが、いざ歩くとこわかったですね。それでもガイドヘルパーさんにがっちりと誘導していただいたので、しだいに慣れてきたこともあってスムーズに歩けるようになり、距離も少しずつ増やしました」

「河川敷を歩くのは、自動車などが来なくて歩きやすいからですか」

「もちろんそれもありますが、河川敷にはたくさんの種類の草花が生えているからなんです」

「草花に興味を持たれたのはいつごろからですか」

「私は島根県の山沿いの村で生まれ、子どものころは毎日友だちと山や川に行って草花を摘んで帰りました。学校が休みの日には、家からかなり離れているところに行くことが多く、めずらしい草花が見つかることがありました。図鑑が家になかったので、草花の名前はほとんど分かりませんでしたが、小さな風鈴のような花は『子ども風鈴』などと、友だちと勝手に名前をつけていました」

「楽しそうですね。今の子どもたちに話してみる価値がありそうです。その草花にみんなで名前を付けるのは長い期間続いたのですか」

「いいえ。母親が私たちの様子を毎回見ていて、今最も必要な物が植物図鑑だと判断してくれたようです。ですから、すぐに町の本屋さんに連れて行ってもらい、私に選ばせて買ってもらいました」

草花に対する熱意がお母さんに伝わったからですね。それにしても、子どもが何を望んでいるかを理解し、すぐに行動してくれるやさしいお母さんですね。

「それ以来、持ち帰った草花が図鑑に載っているか、どういう名前なのかを確かめるのが楽しかったです。図鑑にない物は、新種発見ではないかとワクワクしたこともありますが、子どもが見る図鑑ですから代表的な物だけが載っていたわけです。それから、友だちは草花よりも昆虫に興味があり、昆虫図鑑を買ってもらったので、それも合わせて見ることができました。草花と昆虫はセットなので、広く観察をすることができました」

「それはとても理想的ですね。将来、植物学の道に進もうと思われたことはなかったですか」

「そういうことを考えたこともありましたが、木を使った建築関係の仕事をしてみたいと思っていましたので、そちらの方に進みました」

「島根県からこちらに来られて、整備されている河川敷に生えている草花で満足できますか」

「今の家の近くの川は、そんなにめずらしい草花はありませんが、季節によって変化する草花が楽しめます。コスモスやサルビアのほかにタンポポやカラスノエンドウ、それに名前の分からない花もたくさんきれいに咲いています」

「今はご覧になることができませんので、ガイドヘルパーが詳しく様子を伝えているのですか」

「そうです。休憩をする場所はベンチなどではなく、花がきれいに咲いているところをお願いしています。そのときにガイドヘルパーさんは、私にも雰囲気を味わってもらえるように花の形・長さ・色等を伝えてくれます。休憩後は、今までよりも足取りが軽くなったような気がします」

「休憩する場所は、そうして決めてるんですね。対岸に渡って帰りも同じようにされているんですか」

「そうです。対岸は日当たりや風等の微妙なちがいで、ちがう種類の草花が楽しめるんです」

なるほど、ただ健康なために黙々と歩いているのではなくて、自然を上手に楽しむ最良のことをやっておられるのですね。それでも15km歩かれるのが10年も続いているのは並大抵のことではないと思います。まさに「チャレンジ精神の塊りです」健康維持と草花の鑑賞、具体的な目的を持っているので長く続くことができるのでしょうか。

「楽しみ方をミックスして決められたのですか」

「それが1番です。それと子どものころは休日に歩いていた距離がそれぐらいだったので苦にはなりません、若さを維持するためです」

「河川敷を歩くのに留意されていることはありますか」

「河川敷は河川の一部ですので、普段は水が流れていませんが、増水時は冠水します。水が引いても、しばらくは歩くのが難しいこともあります」

「いつもとはちがった河川敷だな。そんな体験をされたことはありますか」

「増水してから1週間後にガイドヘルパーさんと河川敷を歩きましたが、まだところどころに水たまりがあり、小石も増えていたのでいつもの半分の距離にしました。子どものころに大雨が降ってから3日後に川の近くへ行ったときに、水の流れを見ていただけでしたが背筋が寒くなったことがありました。あのときのことは今でも鮮明に覚えていますので自然には逆らわないようにしています」

「引き返す勇気、あらためて学びました」

「今日は距離は短かったですが、いつもとちがう体験ができてとても満足です。少し歩きにくかったですが自然の変化を肌で感じることができたので、いつも以上に歩き甲斐がありました」

「はい、それは良かったです。これからも河川敷を15ｋｍ歩くことを続けられる予定ですか」

「そのつもりですが、年齢とも相談して無理のないようにしていきます。実は今でもその日の体調や気温等の気象現象によって15ｋｍは歩いていないこともあります。また逆に、体調も気候もいいときは20ｋｍぐらい歩くことがあります。そのときは前もってガイドヘルパーさんに言っておきます」

「20ｋｍとはすごいですね。ガイドヘルパーも身体が鍛えられそうですね」

「どのガイドヘルパーさんも、さすがに歩くのが慣れておられます。どんなに歩いても息切れしているような様子がありません。ガイドのない日でも、毎日20ｋｍ歩く方もいらっしゃいます」

「ガイドヘルパーと長距離を歩くようになられてから、奥さんとどのような会話をされていますか」

「いつもそうですが、家へ帰ってからもこちらからは、あまり話をしないんです。ですが、満足感があふれているのが私の身体全体から発信しているようで『お帰りなさい。今日はめずらしい草花を見つけたようね。どのような種類なの』などと声をかけてくれます。何も言わなくても伝わるんです」

「さすがに長年ご一緒だと、一瞬で伝わるんですね」

「目が悪くなってからの1年間、私はふさぎ込んでいました。妻は口には出しませんでしたが、私の持ち前の体力と草花好きなのを知っていましたので、きっとまた自分のペースを取り戻すにちがいないと信じてくれていました。あらためて感謝の気持ちを伝えていきたいと思います」

「私ももっと体力をつけて、15kmでも20kmでも歩けるガイドヘルパーになります」

そんな決意をお伝えしてお別れしました。

この方の「チャレンジ精神」が私に伝わったようです。

驚きのチャレンジ精神 バンド演奏

これぞプロです

利用者さんでプロのバンド演奏活動をしている方がいらっしゃいます。カタカナと漢字を使ったスマートなネーミングをつけられています。主にクラリネットですが曲によってはピアノや数種類の楽器を演奏されます。

楽器の近くには点字のメモ用紙が置いてありますが、それは曲の順番のことだけで、演奏する曲はすべて暗譜されています。そして他の方が演奏されているときも即興で和音を入れられることがあり、とてもいい響きになります。

新しい曲の練習方法は、曲によって点字の楽譜で少しずつ弾いていく方法や、録音した曲を何度も聴いて音を探していく方法をとられています。

ときどき、他の演奏グループのゲスト出演をされることもあります。そのグループは４人で、ピアノ・ドラム・ボーカル・ベースで、ベースの方も視覚障がいの方です。ライブ本番の日は、開演の４〜５時間前から音合わせの練習をしています。

本番の日以外にもグループ全員が集まって、音楽スタジオなどで１日数時間の練習を何日もされます。目が見える人も見えない人も、いつも４人は対等の立場で遠慮なく提案やアドバイスをします。

リーダーはピアノの方ですからやはり選曲など多くの提案をされます。ところがアドバイスは視覚障がいのベースの方が多いようです。目が不自由な分、耳の機能がかなりアップされている印象を受けました。

この利用者の方がゲスト出演が決まった日、会場までにガイドする間に、楽器との出会いなどについていろいろお聞きしました。

「いつごろから楽器の演奏を始められたのですか」

「私が通っていた盲学校の中等部には吹奏楽部があり、入学式のときに、いきなり生演奏を聴かせてもらってとても感動しました。それで自分もやってみたくなり、すぐに入部しました」

「よほど魅力的だったんでしょうね。楽器は何を選ばれたのですか」

「私は今まで楽器に触れる機会がなかったので、特に希望はなかったです。顧問の先生や部長に勧められて『バリトン』に決まりました」

「『バリトン』は、バスとテノールの中間の声域を受け持つ歌手だけだと思っていたのですが、楽器にもあるのですか」

「私もそのときに初めて知ったのですが、チューバ・ユーフォニアムと同属の楽器で、かなり大きいです。バリトンは弦楽器にもあるんです」

「初めて知った楽器を任せられることになって、不安はなかったですか」

「やはり多少はありましたが、どの楽器も難しさはかわらないと思いましたので、少しずつ練習していきました」

「なるほど、そうですか。楽譜はどのようにされていたのですか」

「パートごとに点字の楽譜が用意されていて、リーダーが声を出して音符を伝えてもらう方法と、リーダーが少しずつ演奏される音を聴いて、あとに続いて演奏する方法があります。私はほとんど、あとに続く方法で練習しました。それで暗譜ができたら個人練習を何回もやりました」

「個人練習ができるまでも、たいへんな努力をされているのですね」

「合わせの練習まではかなりの時間がかかりますが、顧問の先生や先輩たちが地道に指導をしてくれました」

「それだけに演奏会では、達成感が大きかったのではないですか」

「校内では年に数回、校外では年に1~2回の演奏会があります。やはり終わったあとの会場からの拍手で、涙が出そうになりました」

「卒業するまで続けられたのですか」

「その盲学校は中等部から高等部までありますので、高等部を卒業するまで6年間やりました。いろいろな曲が演奏できて、とても有意義な時間が過ごせました」

「すごいですね。そして大学にも通われたそうですが、そこでも楽器を演奏されたのですか」

「そうです。ただし大学は管弦楽団でしたので、バイオリン等の弦楽器も加わり楽器の種類が多いです。バリトンはそこではあまり出番がないので、盲学校のときに興味が出てきたクラリネットを選びました」

「他の楽器にすぐに切り替えられるのも立派ですね」

「ありがとうございます。クラリネットのきれいな音色に引かれました。それから、持ち運びがしやすいのも理由のひとつです」

「そして、大学でも4年間続けられたのですか」

「それが1年でやめてしまったのです。部活動は楽しかったのですが、家から大学まではかなり距離があり、大学の勉強にもたくさんの時間を使いますので、余裕がなくなったからです」

健常者であれば部活動と大学の勉強の両立ができたかもしれません。

「残念な気もしますが、それが現実なんですね」

勉学一筋に励まれたので、大学をストレート4年で卒業され、すぐに点字図書館の職員として勤務されました。

「そのお仕事で、楽器につながることがあったのですか」

「勤務しているところは、いろいろなボランティア団体とのつながりがあります。仕事が休みの日に、視覚障がいがある人が集まる行事がありました。そのときに、かんたんな演奏会があるので、クラリネットの楽器で参加しました。そのときにベースの楽器で参加していた視覚障がいのある方が『演奏グループに入っているので、一緒にやりませんか』と声をかけていただきました」

「そこからまた、クラリネットが復活してくるのですか」

「その方は7つの演奏グループに入って大活躍されています。私は今の仕事に無理がないように、1つのグループに入れてもらいました。そこは2~3か月に1回、日曜日等の休日に定期演奏会があります」

「一般の方に聴いてもらうと、やりがいがありますね」

「そうですね。それまでは自宅でたまに吹いているだけでしたから、やはり目標ができると熱が入ります」

「その他、そのグループに入って良かったことはありますか」

「鳥取県日南町で3日間の合宿があったのです。2日間はレッスンで、3日目が発表会です。その会場に人間国宝とも言われている、ジャズ・クラリネット奏者北村英治さんが来られていました。ただ見られているだけだと思っていましたが、一人一人にきめ細かく指導をされました。私に対しても分かりやすく指導をしていただいたので、発表会ではスムーズに演奏ができました」

「すごい体験をされましたね。すばらしい演奏をされる方は、指導も同じように素晴しいですね」

「はい、それ以降は、普通の演奏会でも自信がつきました」


演奏活動をしていることが近くの小学校にも伝わり、福祉教育の授業を1～2時間ほどしたあと、最後に楽器の演奏をしてほしいと言う依頼があり、年に数校ほど出張扱いで引き受けられました。

「1～2時間の授業は、たいへんではないです。」

「最初は自分でできるか不安でしたので、引き受けるかどうか迷いました。職場の人にも協力してもらい、いつもの様子や困っていることとやうれしかったこと、それに楽器との出会い等を話していたらすぐに時間が経ってしまうから大丈夫、リラックスするようにアドバイスを受けました」

「あまり構えすぎないように、ですね」

「それと話ばかりだと飽きてしまうので、アイマスク体験をしてもらうのも取り入れていました」

「ガイドヘルパー役もですね！」

「そうです。そして最後に演奏をするのですが、小学校の低学年には、鼻笛という楽器が好まれました」

「演奏会でもよく吹かれていますね。この楽器から出る音の仕組みを説明するのもいい勉強ですね」

「お面のような形も親しみがあります。紙でも作れますから、1人1個作ったこともあります」

「小学校以外の学校にも行かれたことはありますか」

「1度だけですが、高校でも授業をして、ここではそのあとにクラリネットの演奏をしました」

「小学校と高校とでは、かなり雰囲気がちがったのではありませんか」

「授業の始めが小学校では、小さな声や音がしているので、ワクワクしている感じが伝わってきて、だいたいの人数も分かりました。しかし高校ではシーンとしていて、人数もよく分かりませんでした」

「高校生は、緊張していたのかも知れませんね」

「話しをしているうちに高校生もリラックスして、特に人の声がするスマートフォンの話をすると、低い音と高い音が合わさったどよめきのような声が聞こえてきて、私もほっとしました」

「高校生はスマートフォンは興味がありますしね」

「そして最後にクラリネット演奏をしましたが、そのあとには大きな拍手をもらいました。それがいつでもやまなかったのです。学校では初めてのアンコールで、別の曲は用意していなかったのであせりましたが、最近小学校で鼻笛を演奏した曲を思い出して、そこから1曲選んでなんとか演奏できました」

「高校生もいい勉強になって、演奏にも満足されたと思います。これからもぜひ学校の福祉教育にも貢献してください。ありがとうございました」

盲学校の中等部から音楽との出会いがあり、高校時代から大学時代、そして社会人としての人生を歩んでいる人生の傍らには常に音楽がありました。

そして今や、プロのバンド演奏家として活動され「チャレンジ精神」を発揮されています。

驚きのチャレンジ精神

78歳で博士号

新たな挑戦

78歳で博士号を取得された方がいらっしゃいます。大学を卒業後、高校の国語教師をされていましたが、目の病気のために55歳で退職されました。

卒業後すぐに国語教師として教壇に立ち、55歳と言うといちばん円熟している年齢だと思います。

学校側としては残念な事態だと思いますし、それよりも増して生徒さんたちにはショックだったでしょう。目の病気になると退職しなければいけないような規定があったのでしょうか、とても大事な決断をされたのでお聞きしました。

「いいえ、そんな決まりはいっさいありません。むしろ校長ら学校側からは定年退職まで勤めてほしいと言われました」

「そうでしょうね。授業を受けていた生徒さんたちも、同じような思いを持っていたと思います」

「その通りです。正直退職するかどうかかなり迷いました。生徒たちの『先生、やめないでもっと続けてください』の声が耳に入ってきたからです」

「それがいちばんつらいでしょうね」

「それでも、私自身が現実をよくわかっていました。教科書も読めなくなっていましたし、ハードルがかなり高かったです。授業以外にも、教材研究や会議や出張があるので、ハードルの高さは想像を超えますから、結局は学校や生徒たちに迷惑をかけることになると考えました」

「ご家族の方たちはどんな思いでしたか」

「妻や子どもたちも『ゆっくりとしたらいい。今までお疲れ様でした』と言ってくれましたから、決心がつきました」

ところが退職されてからも、持ち前のチャレンジ精神は決して衰えることがありませんでした。点字の勉強を始めたり、白杖を使って積極的に外へ出られたりしました。

普通の人であれば、人生の途中で失明するのは誰でもショックだと思いますが、すぐにいろいろなことに挑戦されたのです。そのときのお気持ちをお聞きしました。

「もちろん私もこの先どうしていったらいいか分からず、悩んだ時期もありました。ただ私は生まれつき視力が弱かったので、それからも徐々に視力低下が進行していきましたから、ある程度は予想をしていました」

「高校の国語教師になられたときはまだ20歳代ですね。日常生活には支障がなかったのですか」

「そうです。しばらくはコンタクトレンズなどで矯正したら、普段の生活には特に不自由はありませんでした。ところがしだいに矯正をしても両眼ともに０・１未満になりました。０・１あるのとないのとでは、見え方が大ちがいなのです。そのはっきりとした数字で、割り切ることができました」

「点字の学習は、どれぐらいで始められたのですか」

「退職してから8年ぐらいで失明し、すぐに問い合わせをしました。実際に始めたのは、それから2か月ぐらいしてからです」

「失明されたその日に行動されたとは正直おどろきました。気持ちの切り替えがとても早いですね。白杖を使ってご自分で歩きはじめたのもすぐにでしたか」

「これも1か月ほどしてからで、早く自分で外を歩きたかったからです。しばらくは家族に手助けをしてもらって、自宅から15分ぐらいのところにある駅まで歩いて行きました。途中、音の出る信号機がついている国道を渡ります。2か月ぐらいで、誰にも手伝ってもらわなくても渡ることができるようになりました」

「すごいですね。それにしても国道を渡るのは、音が出ていてもヒヤヒヤすることはありませんか」

「いちど、午後8時ぐらいに渡ろうとしましたが、音がしなかったのです。あとで調べると、騒音の関係で午後7時からは音が出ないようになっていました。そのときは自動車の音が全くしなくなるまで待ってなんとか渡りましたが、それ以降は音の出る時間帯だけにしています」

失明されてから5年で、視覚障がい者の教育に力を入れていた大学の聴講生になり、2年後に大学院修士課程、その後博士課程にも進まれました。そして視覚障がい者の福祉について研究され、6年間かけて博士論文を書き上げられて78歳で博士号を授与されました。

「これはもう、ご立派と言うか、一言では言い表すことができません。すばらしいです」

「ありがとうございます。ここまで来れたのも、たくさんの人に支えてもらったからなんです。学生ボランティアの方が研究資料を対面で朗読してくれたり、英語の文献を点字に直したりしてくれました」

「さすがに、福祉に力を入れている大学ですね」

「そして、駅から大学まで暑い日も寒い日も、同行援護していただいたガイドヘルパーの方々のおかげです」


そして、研究の集大成となる本を出版されました。内容は、盲人福祉活動に力を尽くした3人の方の思想や業績を中心に論じておられます。

「3人の方々は、どのような功績を残されたのですか」

「イギリスにおける盲人福祉関係を研究されて、日本の視覚障がい者の地位向上に努められました。ぜひ、この3人の生き方を感じ、視覚障がい者の福祉に理解を深めてほしいと願います」

そのような本はあまり見たことがありませんでしたので、私もぜひ読んでみたいと思います。それから、博士号を取得されたり本を出版されたりして、いろいろな賞を取られています。さらには、受賞式で記念講演をされています。どういうことを話されたのかお尋ねしました。

「この本にも書いていますが、盲人福祉活動に力を尽くした3人の方の中で、※好本督の話で『私は見ることはできないが、聞くことはできる。これが私のやり方だと、好本督さんに教えてもらいました』と述べました」
※ヨシモトタダス：イギリスの制度を輸入し視覚障碍者の権利向上に尽くす。「日本盲人の父」と称される。

現在は80歳代後半になられていますが、1か月に1回、デイサービス施設内の高齢者の方々にボランティアで本の読み聞かせや、その内容の解説を1時間にわたって話をされています。

そのため大きな図書館には月に4回、点字図書館には月に2回通って、1回につき2時間ほど対面朗読をしてもらっています。合計12時間、本の内容を整理しながら話す内容を考えるそうです。

「1時間のお話で12時間の学習とは脱帽します。ここまで調べておられたら、デイサービスではスムーズでしょうね」

「そんなことはないんです。きちんと話すつもりが途中で忘れてしまったり、話す順序がちぐはぐになってしまったりすることもけっこうあります。見えてはいませんが、たくさんの人がいるのは音で分かりますので緊張もします」

「聞いている人の反応は分かりますか」

「けっこう分かります。話が盛り上がって山場に差し掛かると、歓声が上がったりします」

「それは話しがいがありますね。歓声がほとんどですか」

「そうではないこともけっこうあります。聞いていらっしゃる人の体調にもよりますが、いびきが聞こえることもあります」

「デイサービスと言うこともありますね」

「途中で歌を歌う人もいますし『そうなってよかったね』等、語りかけてくれる人もいます。それはまるで自分が本の中の主人公になったみたいな表情です。一緒に話を仕上げていこうと言う気持ちがあらわれているようですので、いつも臨機応変に取り入れています」

「終わってから、アンコールはありますか」

「アンコールは今までありませんが、終わったときはとても感動されていて、帰る支度をしていても私に感想を言ってこられる人もいます。そのときはとてもやりがいを感じます」

「これからも続けられますね」

「対面朗読とデイサービスのボランティア活動で、ちょうどいいぐらいに頭が活性化できています。それにどちらも電車で通うところなので、たっぷりと運動もできていますから、まだまだやっていきます」

80歳後半にしてこの気力と体力、この方にお会いするたびに「チャレンジ精神」パワーをいただきます。

驚きのチャレンジ精神
ボウリング

毎週5ゲームやります

マッサージの仕事をされている方で、週に1日の休みにはボウリングをされます。いつも通っているボウリング場の会員で、しかも平日なので安価なセット料金になっているることもあり、いつも5ゲームを行います。

マイボールも曲がるボールとスペアボールの2個を持参されて、1投目は曲がるボールですが2投目はピンの残り方で使い分けされます。

1投目を投げるときに立つ位置は、いつも右から10枚目の板に右足が乗るところで、左足は右足と線で結んでファール線と平行になるように、私が口頭で誘導します。慣れていらっしゃるので座っているところから投げる場所までご自身で移動されて、こちらは単なる微調整役です。

1投目のあとで残ったピンがあるときは、ピンの番号を伝えます。そうすると、しばらく考えられて2投目のボールを選び、立つ位置を右または左の板から何枚目かで決定されます。

以前、ボウリングの同行させていただいた日の第1ゲームは、好調なスタートをされました。

「おしかったですね。1番ピンと3番ピンの間のポケットに入りましたが、7番ピンだけが残りました」と説明します。

「ありがとう。7番ピンだったら取りやすいので、右から12枚目の板に右足をお願いします。それからレーンが速いような気もしますが、曲がり具合は分かりますか」

私「そう言われてみれば、今日は少し曲がりがよくないです」

「分かりました。それを計算に入れて投げてみます」

足の立ち位置、レーンの状況を素早く計算されて投球します。

「ナイス、スペアです。それもピンのほぼ中央に当たりました」

「おかげさまで、微調整をして投げることができました」


第2フレームから第4フレームまで、ストライクが続きました。

「やった。ターキーですね。その調子で最後まで」

「ありがとう。1回で全部倒れるとスカッとします。それに、残ったピンの番号を伝えてもらわなくてもすみます」

その後、スペアとストライクばかりのいわゆるノーミスが続き、いよいよ最終の第10フレームで、それがスペア以上だと200アップします。ところが1投目は1番ピンの真ん中に当たってしまって、ピンが離れて残るスプリットになってしまいました。複雑な残り方になったときは、残ったピンの番号を間違いなく言わなくてはならないので緊張します。

「ボールが予想以上に曲がったみたいで、1番ピンの真ん中に当たりましたので、5番ピンと10番ピンが残りました」

「そういうふうに残ったのですか。サウスポーの人だったらやりやすいですね。では、右から11枚目に右足をお願いします。5番ピンの左端ぎりぎりに当てて、右へ飛ばします」

ボールは言われた通りにレーンを転がって、5番ピンの左端に当たりましたが薄くなりすぎたようで、10番ピンより前に飛んでしまい、右の壁に当たりました。ところがラッキーなことにはね返ってきて、10番ピンを倒しました。

私は思わず「やったー！　スプリットメイドです。これで２００点を超えます」

出だしが良かったこの日は２～５ゲームも順調で、アベレージの平均が１８０点を少し上回る好成績でした。

この方のボウリングのボールの投げ方を見ていると、運動神経がかなり良さそうに感じたので他のスポーツ歴を尋ねました。

「ボールの投げるフォームがきれいですし、スポーツマンのような体格をされていますが、他のスポーツをされていましたか」

「小さい頃から野球が好きで、中学校は野球部に入っていました。しかもレギュラーで4番のピッチャーです。目が悪くなったのは3年生の終わりぐらいでしたから、活動は最後まで続けました」

「すごいですね。憧れの4番でピッチャー。試合にもたくさん出られたのではないですか」

「市内の中学校とはよくやりました。いちど、市内の公式の試合で優勝して県大会に出場したのが１番の思い出です。」

「大活躍ですね。将来は高校でも野球部に入って甲子園を目指すようになったと思うのですが、目が悪くなられたんですね」

「急に視力が落ちて、普段の生活もやりにくくなっていましたので、盲学校の高等部に入りました。そこには運動する部活動はありますが野球部はありませんので、しばらくは部活には入りませんでした」

「野球ひとすじ、思い入れがあり、一日でも随分と時間もかけていらっしゃったのですから、その感情は私も理解できます」

しばらくはと言うことでしたが、その後どこかの部活に入られたのかお聞きしました。

「子どもの頃は将棋も好きだったので、将棋部に入りました」

「これはかなり方向転換されたように思いますが、将棋が好きになった理由は何かありますか」

「当時の大山名人に憧れていました。それと将棋はじっとしているようで、いろいろと考えているのでかなり体力が消耗します。頭のスポーツと言ってもいいぐらいだと思っています」

「なるほど。やはりスポーツマンだったのですね。将棋でもいろいろな人と対戦されたのですか」

「私は少し見えていましたので弱視のグループです。そのグループに入っている人は見ながらやっているので、やはり強いです。最初はなかなか勝つことができませんでしたが、しだいに相手の打ち方が分かり、勝率が上がってきました」

「よく研究されたんですね。別のグループとはどのような人で、その人とも対戦されましたか」

「全盲の人です。見えませんので『26歩』と言うように、マス目の位置を表す座標で進行していきます。全盲の人同士でしたら将棋盤はいりませんが、こちらは将棋盤がないとできませんので、自分の駒と相手の駒を動かしながら進めていきます」

「ハンディキャップがあるように思いますが、アイマスクをつけて同じ立場で勝負することはないんですか」

「ハンディキャップがあるのに、かなり強い全盲の人がいてなかなか勝たせてもらえませんでした。それから、弱視でも慣れている人は、アイマスクをして対戦することもあります」

「卒業するまで、将棋を続けられたのですか」

「そうです。卒業してからマッサージの仕事につきましたが、それからも休日は将棋大会にいくことが多かったです」

「将棋の段級は取られたのですか」

「アマチュアの2段に認定されました」

「頑張られましたね。ところで、ボウリングをされるようになったきっかけは、視覚障がいの人専用のレーン等があるからですか」

「左側にガイドレールを取り付けて、そこを左手で持ちながら進んで投げる専用のレーンもありますが、私は普通のボウリング場で練習しています」

「誰かから、勧められたのですか」

「黙って施術をしていくマッサージ師もいますが、私は会話をするのが好きです。そんなわけで、マッサージに来ていただいた人に、いろいろとお話することがありますし、情報をどんどんと伝えてくれる人もいらっしゃいます。初めてマッサージに来ていただいた人が、ボウリングの魅力をていねいに話してくださったので、さっそく次の休みの日にボウリング場に出かけました。ガイドヘルパーにもうまくリードしていただき、満足したボウリングができました」

「そうだったんですか。マッサージはうまくツボを押さえるのはもちろんだと思いますが、コミュニケーションも大事なんですね」

「話しに花が咲くこともありますが、マッサージに来てくれた人が肉体的にも精神的にもリラックスしていただけることを心がけています」

「これからもマッサージで快適な気分に、そして、高得点を楽しみにしています。

ありがとうございました」

甲子園を目指せるような野球人生に、早くして決別せざるをえなかった青春時代。それでもめげずに、将棋で頭の体操をし、マッサージのお客さんからボーリングの魅力を教わり、結果を出すことに全力投球をする。

「たかがボウリングというなかれ、いつも真剣なチャレンジ精神、尊し！」

驚きのチャレンジ精神

サウンドテーブルテニス

チームリーダーとして

4つの金属が入ったピンポン球を木製のラケットで相手に打ち返すスポーツがあります。

「サウンドテーブルテニス」と言います。

卓球台には、エンドラインとサイドにフレームといわれる枠が取り付けられていて、球の落下を防いでいます。

ネットの下が球よりわずかに広く空いていて、そこに球を通してラリーしていきます。サーブではネットに触れると相手の得点になりますが、それ以外はネットに触れてもそこを通過して相手のエンドフレームに当たれば得点になります。

球が転がる音をたよりに競技をしていくので、弱視の方はアイマスクをつけてハンデをなくしているのが通常ですが、最近はアイマスクをつけないでするところもあります。

年齢を問わない幅広いスポーツなので、競技人口も年々増えています。

私がいつもガイドをする方は、サウンドテーブルテニスに力を入れておられます。10人あまりのチームを編成して、県大会から全国大会まで目指して、1週間に1回ぐらいの割合で体育館を使って練習をされています。

「台を初めて見させていただきましたが、普通の卓球台とほとんどかわりませんね。また、ピン球の外観は一緒ですね」

「そうです。台はフレームがついているぐらいですが、ネットの下に少しでもすき間があるとピン球がネットに当たるので、折りたたみ式ではなく1面構造です。ピン球の中には金属が入っていますが、大きさは同じです。ですから、私たちはいつも卓球と呼んでいます」

「普通の卓球とはやり方はちがっても相手に打ち返すのは同じなので、卓球ができるのはすばらしいことですね。チームの人はすぐに集まったのですか」

「いいえ。ほとんどの人は『私の力なんか大したことないから、チームに入るとみんなの足を引っ張るだけ』等と遠慮気味でした。それに1週間に1回の練習に来ることができるかの不安もあったようです。

『練習の体験だけでもいいから、1度やってみてください。ラケットをお貸しします』と何度も声掛けをしていくと、しだいにチームに入る人が増えてきて、いつもは歩行器を使っている人も入り、活躍しています」

「練習日のとき、私たちガイドヘルパーはどのようにしたらいいのですか」

「ガイドヘルパーさんは私たち利用者を自宅から体育館まで送っていただき、控え室から卓球台へ移動するときやコートチェンジ、休憩時の場所の同行をお願いします。

また、球が台から飛び出たときに球拾いの補助もお願いします」

「虫取り網のような物で、球をすくうようにして取るんですね。どうして体育館に虫取り網があるのか不思議に思っていました」

「そして、練習中は利用者さんによってもさまざまですが、球がうまく相手に返さなかったときはコースやタイミングの説明もお願いします」

「スローボールに引っかかって、空振りをすることもありますね。ラケットの位置もよく見ておきます」

「練習の後半には試合をすることもあり、他の利用者やガイドヘルパーさんと相談をして、組み合わせや審判員を決めたりします。」

「審判員もガイドヘルパーがやるんですか」

「練習のときは別に審判員はいりませんが、サウンドテーブルテニスの審判員の講会が全国各地で行われています。ガイドヘルパーからも積極的に参加されて、全国大会の審判員もできる公認審判員の資格を取った方がいます。そのため試合形式の練習でも、資格を取った方が審判についたときは全体的に緊張感が漂いますから、大きな大会に備えられるような動きも身につきます。そして勝ったときの満足感も高まります」

「チームの方が頑張っておられるので、ガイドヘルパーも公認審判員を目指しているのかも知れませんね」

「公認審判員は普通の練習でもラケットの持ち方や無駄な力が入っていないか等、的確なアドバイスをしてくれるので、指導員のようでもあります。チームの1人はその方がきめ細かくコーチをしてくれたので、タイミングよく球を返せるようになって勝率が上がりました」

「指導員の役目もしてくれて、ありがたいですね」

「その方が審判員をされるときは、遠方からもわざわざ駆けつけてきて交流試合を希望されるようになり、そこのガイドヘルパーも公認審判員の資格を取った方があらわれるようになりました。その方も来られると、同時に2面で試合ができてまるで全国大会並みの雰囲気です」

普段の練習のとき、その日のチームの人数によってはガイドヘルパーも練習に参加することがあります。

「チームリーダーのガイドヘルパーさん、よろしければ、あちらの女性と対戦していただけますか」ということもあります。

「やらしていただきます。アイマスクはつけるんですか」

「いいえ。ピン球をよく見てもらって、打ち返してください」

相手の方は全盲ですが、金属の音だけの情報なのにかかわらず、的確にしかも速い球がこちらに向かって飛んでくるような感じです。こちらはラケットに当ててるだけが精一杯で、1回目は11対1で、2回目は11対3のストレート負けでした。

「参りました。みなさんが練習している姿を見て、かんたんにできそうだと思っていましたが、練習もしないでいきなりやってみると難しいのが分かりました。アイマスクなんてとんでもないですね」

「お相手していただき、ありがとうございます。最初にしては、ラケットのいい音が響いていましたよ。また、よろしくお願いします」


県大会に、チームリーダーのガイドをさせていただいたことがあります。ほとんどのチームは普通の体操服ですが、こちらの選手は全員、チーム名が入ったユニフォームを着ています。

「とても動きやすそうですし、さわやかな色とデザインですね」

「ありがとうございます。みんなの意見を聞きながら作りました。でも最初から全員が着ていたわけではありません。ですが強制的に着用することを求めていませんので、それが結果的によかったと思います」

「私たちガイドヘルパーとしましては、ユニフォーム着ていると、こちらの選手だと言うことがよく分かります。そして、まとまりのあるチームと言うイメージですので自慢できそうです」

試合の前に、どのチームも1列に並んで開会式が行われ、そのあとに準備体操を行いました。やはりユニフォームが目立ったようで、大会関係者の方の視線もこちらを向いているようでした。

準備体操が終わったらチームリーダーがみんなを集めて、試合のコートや順番の確認をしていました。それが終わると円陣を組んで

「ファイト、ファイト、オー！」と、チームリーダーの掛け声に、みんなも

「ファイト、ファイト、オー！」と、気合いを入れていました。

あとで大会役員の方が、

「チーム一丸となっていいですね。これが他のチームにも広がって、きっといい影響がでますよ」と、話しかけていただきました。そしてチームリーダーも

「ありがとうございます。まだまだ手探りで取り組んでいることが多いですが、一歩一歩先に進んでいくように努力していきます」と話されました。

試合は抽選で対戦相手が決まります。私がガイドをしているチームリーダーの対戦相手は優勝候補の市で、その中でもトップの成績を持っている人です。

「いきなり手ごわい相手になったようですが、その方とは練習試合等で何回も対戦されているのですね」

「そうです。知らない方と対戦するよりも、その方の打ち方の傾向がよく分かっているのでかえってよかったです。ただサーブがするどく入ってくることが多いので、そこが要注意です」

それから落ち着いて作戦を立てられました。チーム数の都合でその方は1試合多く試合をします。その方が最初にやっている試合の近くに一緒に行きました。

「その方のサーブは、コートの真ん中に飛んでくることはまずありません。右方向か左方向か、どちらかに打ってくるのが多いのです。つまりサーブを右コートに入れるときは、右端いっぱいか、中央線いっぱいかです。その方は練習のときに、その日はどちらかにするかをほぼ決められているようなんです。それで今日はどの方向のサーブが多いのかを見てほしいのです」

「分かりました。左方向が多いようです。つまり右のコートに入れるときは中央線の近くで、左コートに入れるときは左端いっぱいです。やはりサーブが得意のようで、この試合はほとんどサービスエースで勝利されました」

「ありがとうございます。おかげさまで自信がつきました。サーブさえクリアできればもうこっちのもんです」

チームリーダーは全力で試合に臨まれましたが、惜しくも第1ゲームが2点差で、第2ゲームが1点差で敗れました。それでも
「情報を提供してもらったおかげで、きっ抗した試合ができました。敗れても悔いはないです」と満足な表情でした。

閉会式で役員の方から、

「この大会は毎年参加人数が増えて、レベルもどんどん上がっています。今度のパラリンピックの種目に入れてもらうように、働きかけていくつもりです」

と話されました。

それを聞いたチームリーダーは、もう次の大会へ向けて希望に胸を膨らませていました。

障がい者がプレーできる「サウンドテーブルテニス」、皆さんはご存じでしたか。

パラリンピックにでも競技できるように活動をされています。

可能性を信じ続ける「チャレンジ精神」に最敬礼です。

第2章

健常者にも知っておいてほしい ガイドヘルパーが体験した 30のエピソード

日常生活

白杖

〈周囲に知らせる役目もあります〉

ほとんどの利用者さんはガイドヘルパーと一緒に外出するときも、白杖を使用されています。白杖の機能として、路面の状態を確かめ障害物を事前に発見できることのほかに、周囲に視覚障がいであることをお知らせします。

白杖は大きく分けて3種類あり、連結部分のない直杖・4〜5段に折りたためる折り畳み式・アンテナのように伸縮ができるスライド式があり、食事どきなどにはカバンにしまえるので折り畳み式がいちばん多くの方が使用されています。

白杖は利用者さんの身長から40～45㎝程度引いたぐらいが目安になるので、長さもいろいろあります。

なお、雪が多く降るところは見えやすくするため黄色の杖もあります。

❖エピソード　応急処置をします

視覚障がいの方にとって、白杖は身体の一部と言ってもいいぐらい大切にされています。その日の最初に使われる前に、白杖に向かって「今日1日、よろしくお願いします」と言って出かけられて、自宅に帰ってその日にはもう使われないときは「今日1日、お世話になりました。おかげで無事に帰ってくることができました」と、白杖にていねいにお礼を言われる方がいらっしゃいます。

いつも白杖をていねいに扱われていますが、道路の状態などによってはたまにキズをつけてしまうことがあります。構造は、上部のグリップ・主軸のシャフト・先端のチップに分かれていますが、キズは主にチップでヒビが入ってしまうことがあります。
そのときは感触ですぐに分かるので、いつもカバンの中に入れてある応急処置の用具を取り出され、すぐに自分で手当てをされます。その用具は特に白杖用ではなく、ホームセンターなどでご自身が自ら見つけてきた物です。白杖と同じぐらいの太さの棒を挟める物で、接着剤もついていて使い勝手がよく、少なくとも自宅へ帰るまでは不自由をすることはありません。

歩道・路側帯

〈安全な方法で歩行します〉

車道と歩道の区別がない道路では、右側を歩くのが対面から来る自動車が分かりやすいので安全です。ただし道路の状況や、利用者さんの立ち位置によっては左側を通行することもあります。

歩道があるところは原則そこを歩きますが、歩道がせまいところや途中に電柱が立っているところがあり、２人並んで歩くのが難しいときは安全を確認した上で車道を歩くこともあります。

路側帯は線で示してあるだけなので段差もなく歩きやすい道路ですが、線から車道側に出ないように注意します。利用者さんは車道の反対側を歩いてもらうようにします。

❖エピソード　自動車に接触！

利用者さんと買い物の帰りに、進行方向に向かって左側にだけ路側帯がある道路に出たのでそこを通っていました。利用者さんは右手で白杖を持って左手で私の腕を持つやり方で逆ではできないため、左側通行になり利用者さんが車道に近い側になりますが、自動車に注意して歩いていました。

その道路は一方通行で、自動車同士がすれ違うことはありません。ですから2人が並んで歩いていても、自動車との間隔は十分にあるところです。

ところが後ろからきた自動車が、利用者さんの白杖の下の方に接触してしまいました。運転していた方はすぐに自動車から降りて、安否の確認のあと謝罪されました。道路の右側に自転車が留めてあったので、それを避けようとして左に寄りすぎてしまったと説明されましたが、一旦停止したらよかったと反省されていました。人的被害はなかったのですが、白杖が損傷したので警察に連絡をしました。その後は新しい白杖にしていただくことで、話は順調に進みました。

今後は自転車などの道路状況を見逃さずに、さらに安全に注意する決意をしました。

スロープ

〈歩きやすいです〉

スロープを設置しているところが増えてきました。車椅子やベビーカーなどがスムーズに通れます。４～５段の階段の横にスロープがあるところは、ほとんどの利用者さんは段差がないのでそこを通ることを希望されます。

10段あまりの階段の横についているスロープは、そのままだと急な斜面になってしまうのでヘアピンカーブのようになっているところがあります。距離があるのでほとんどの利用者さんは階段を希望されます。

スロープの入り口と出口はすき間があるところがあり、ひっかからないように注意して歩きます。

❖エピソード　すべっていこうかな！

初めて同行させていただく利用者さんには、階段とスロープが並行してあるところを通るときはどちらを希望されるかお聞きします。上るときは階段で下りはスロープを希望される方もいらっしゃいます。上りも下りもスロープと決めていらっしゃる方にも、そこにさしかかるときは急にアップダウンが始まるところが多いので、必ず「あと2メートルで下りのスロープです」など、口頭でお伝えします。

福祉関係の表彰式がかなり広い講堂で行われました。表彰される方は客席から舞台に上がります。そこは両脇には3段の固定した階段がありますが、正面から登壇できるように移動式の階段もつけられています。その日は車椅子の方もおられたので、移動式のスロープもつけられていました。

私が同行させていただいた方は階段の上り下りが少し困難なので、スロープを使いました。当初、舞台に上がるのをあきらめかけていたらしく「少し急でしたがスムーズに歩けました。行きはすべり台を登っていく感じだったので、帰りは座ってすべり降りようかと、一瞬その考えが頭をよぎりました」と満足な表情でした。

点字ブロック

〈安全に歩くために大切です〉

点字ブロックは3種類あります。そのうち多く見かけるのは2種類で、線状ブロックと点状ブロックです。線状ブロックは歩く方向を示すものです。点状ブロックは、このラインを超えると危険と注意を示すものです。

もう一つはプラットホーム縁端の警告を示すもので、点状ブロックと線状ブロック1本で構成されて、線状突起のあるほうがプラットホームの内側になるように設置されています。

線状ブロックの上に『目の不自由な方のものです。モノをおかないで！』と書いたシールを約１０ｍごとに貼ってある道路があります。町ぐるみで住民の方が点字ブロックの大切さを広く呼び掛ける取り組みを行っています。

❖エピソード 高齢の方も安全

点字ブロックの色は、一部まわりの色によってはさまざまな色を使う場合ことがありますが、弱視の人が安全に外出できるように、明るい色でよく目立つような黄色がほとんどです。

お仕事で外出されるとき、行きは昼間なのでお一人で道路を歩いて行かれますが、帰りは夜間になりますから点字ブロックが見えにくいので、ガイドヘルパーと一緒に歩く弱視の利用者さんがいらっしゃいます。

その方が仕事先をかえられて、夜間もお一人で帰るようになりました。以前の仕事先へ行く道路は、途中から点字ブロックの色が黄色ではなかったので暗いところでは分かりにくかったそうですが、新しい仕事先への道路は全部黄色なので夜間でもよく分かるそうです。

その方の友人は視覚障がいではないのですが、高齢のために一人で出かけるときは点字ブロックの明るい黄色をたよりに歩くそうです。そうすると安心して目的地までたどりつけるので、誘い合って買い物に出かけられます。

階段

〈安全で便利です〉

バリアフリー化が進み、上下の移動はエレベーターやエスカレーターでできるところが多くなりました。しかしまだまだ階段しかないところが多く、段の高さや幅がそれぞれちがいます。

種類も多く、上から見ると円形になっているらせん階段や石を積んで作った階段もあります。たいていの階段は手すりがついているので、片手は手すりをもう一方はこちらの腕を持って進んでいくことが多いです。

また、階段の上と下には点字ブロックで示されていて、安全面に配慮されているところがあります。

エピソード　手すりが切れています

神社や寺院は高低差がついているところが多く、長い階段を一歩一歩踏みしめながら上っていきます。やっとの思いで本殿にたどりつき参拝するからこそ、願いが叶うような気持ちになっていました。しかし、これは健康でそれができるからのことであって、誰でもそういうわけにはいきません。

今まで既成事実のように考えていたことも、時代の流れは良いように改められてきています。バリアフリー設備のある神社や寺院も増えてきました。障がいがある方はむろん、高齢者や妊婦の方が参拝しやすくなっています。

利用者さんの中で、高齢のため階段の上り下りに苦労されている方がいらっしゃいます。その方が、お寺と神社を参拝されました。そのお寺は階段が多く、石で積み上げて作っているので凹凸があり、また1段1段幅も高さもちがいます。手すりはついていますが、途中に木があってそこは途切れています。

木につかまって進もうとしたときに、少しよろけました。本殿に着いて、賽銭箱に入れようとしたお金が箱から外れてしまいました。

神社は下から上までエスカレーターが整備されて、お賽銭箱に入れるお金もいい音が響きました。

ドア

〈いろんなドアがあります〉

ドアの種類はたくさんあります。手動ドアでは「開き戸」がいちばん多いですが、ドアノブも大きく分けて握り玉式やレバー式があり、開けるとゆっくりと閉まるようになっている物もあり、それは少し力がいります。

昔からあるトイレなどには「スイングドア」があります。両側から、同じ大きさで対称になっているドアです。真ん中で停まっていて、押すか引くかすると回転して開き、離すとまた回転してそれがゆっくりになって閉まります。そのドアを通過するときは他の人の動向に注意して、跳ね返りでけがをしないように、また他の人にけがをさせないように注意します。

回転式のドアはあまり見なくなりましたが、通過するときは挟まれないようにします。

❖エピソード　どこでもドアが

たくさんの種類のドアがあるので、説明をするのに苦労することがあります。安全第一ですので、その説明をきちんとしなければなりませんし、人が多いときはタイミングも見計らいます。

利用者さんが初めてのところに行ったときは、ていねいにドアの種類を説明してドアに挟まらないように気を付けます。特に「開き戸」で自動的に戻る装置がない場合は、風で勢いよく閉まることがないように気を付けます。「引き戸」でも自動的に戻る装置があるところやないところがあり、ドアの重さや反発力にも気を付けます。

このように、初めて行くところは注意するところはたくさんありますが、ドアの種類を楽しむことができます。

ある利用者さんは「これだけドアの種類があって、自分自身は貴重な体験ができました。ドラえもんのどこでもドアに匹敵するぐらいです」と、まだまだ新しいドアに挑戦する勢いです。

トイレ

〈スイッチ類の位置を確認します〉

外出先でいちばん気にかけておく必要があるのは、トイレです。商業施設などで利用者さんが初めてまたは久しぶりに行くところは、トイレの場所やトイレ内の器具などの説明をします。

個室の洋式便器では、まずドアが中開きか外開きかを確かめます。中開きはドアが開いている状態が使用できるので分かりやすいですが、外開きでは常にドアが閉じているので青と赤の表示を見てこちらが確かめます。

次に、便器がドアの方に向いているかそれとも右向きまたは左向きか、ふたは開いているかを伝えます。そして肝心のトイレットペーパーの位置と水洗ボタンの位置と種類を説明します。

エピソード　広くて、思わず走りそう

トイレ支援は基本的には同性であることが望ましいので、異性の方のガイドをするときは商業施設なら店員さんに協力をお願いすることがあります。

施設によっては、車イスの方が使用しやすいように大きなスペースがある多目的トイレが設置されています。私がマラソンランナーの女性の利用者さんのガイドをしたときに、大きな商業施設の多目的トイレへご案内したことがあります。ここは店員さんの支援を受ける必要がありません。

出入り口に大きな丸いボタンが上下に2つあり、上が開で下が閉で、内側にも同じようにあることを伝えました。そして説明のために2人で中に入るのでドアを開けた

まま、便器の位置とふたの状態を伝えました。それからトイレットペーパーの位置と水洗ボタン、さらに非常ボタンも確認して、最後に内側から閉ボタンを押してもらい、ドアの鍵がかかったことを確認して私は外で待っていました。

使用されたあとに「中は広すぎて、ちょっとした体育館みたいで走りそうになりました」の感想です。

盲導犬

〈ハーネスで方向が分かります〉

盲導犬が活動中のときは「ハーネス」と言う白い胴輪を着用しています。それが動く方向によって進路が分かります。左右上下4方向で「ハーネス」が上を向くと昇りの階段か段差があると言う意味です。

視覚障がいのある方が盲導犬と一緒だと、ガイドヘルパーの同行は必要がないと考えられるかも知れませんが、どこでもスムーズに行けるわけではありません。初めて行くところでは別に支援が必要になります。

ガイドヘルパーも同行するときは「ハーネス」のハンドルから手をはなして「リード」と言う引き綱だけを手に持って、片方の手はガイドヘルパーの肘を持ちます。

エピソード　「Good（グッド）」は、やはりうれしい言葉です

盲導犬は生後2か月ぐらいから1歳ぐらいまで、ボランティアの家庭に預けられて愛情に包まれながら育ちます。その後訓練センターで1年近く訓練を受け、その間に3回も評価（試験）があり、その後ユーザーとの歩行訓練などを約1か月行い、見事合格になって初めて盲導犬としてスタートします。

指示は全て英語で行われて、それは訓練をしているときからです。訓練士が英語しかしゃべれないからではありません。日本語は同じ意味でもさまざまな言い方があり、

また方言があって、地方によってはイントネーションなどのちがいがあるからです。たとえば英語では「Ｎｏ（ノー）」ですが、日本語では「いけない」「いや」「だめ」などがあり、通じるようにするのは難しいです。

ユーザーは指示を出す英語を覚えなければなりませんが、そんなに多くはないのと家族の一員なので、よく使う言葉から覚えていけば自然に言葉が出るそうです。いちばん早く覚えた言葉は「Ｇｏｏｄ（グッド）」で、私がそばにいたときもその言葉が出たとたんに盲導犬は「うれしい」と全身から喜びを発していました。かわいいですね。

宿泊

〈避難経路を一緒に確認します〉

利用者さんも遠距離地での会議や旅行などで、宿泊をされることがあります。宿泊施設は利用者さんが決められますが、布団を敷く手間が省けるので和室よりも洋室

（ツインルーム）にされることが多いです。

宿泊施設に着いたら泊まる部屋が何階建ての何階の何号室かを伝え、そしてエレベーターを降りると、まず避難経路（階段）がどの辺にあるか歩いてみます。エレベーターに近い部屋が何号室でそこから右か左か、エレベーター沿いか向かいかを説明しながら部屋に向かいます。避難経路の位置が分かるだけでも安心されます。

部屋に着いたらベッドやトイレを含むバスルームに入って、利用される前にスイッチなどの細かい説明をします。

エピソード　夜中にそおっと…

ある年の10月上旬頃に、熊本方面に鉄道を使って1泊旅行をされる男性利用者さんに同行させていただいたことがあります。その方はベッドで寝るのが苦手なのと、就寝前までは畳の上でゴロゴロしたいのと、縁側にある椅子でゆっくりとくつろぎたいので和室がある旅館にされました。

部屋にトイレはありますがバスルームはありませんので、一緒に大浴場に行きました。そのほうが洗い場での水道の蛇口などの説明も横でできますので、利用者さんとしても安心です。

食事は旅館内にある食事処で済ませて、部屋に戻ると布団が敷いてありました。トイレに近いほうがいいか聞いてみましたが縁側に近いほうを希望されましたので、布団からトイレや縁側の位置関係を説明して寝ました。

夜中に数回、部屋と縁側の間にあるふすまの開け閉めをする音が聞こえました。朝になって縁側に行ったか聞いてみると「そおっと行ったけど分かった？ちょっと煙を吸いに」と照れくさそうに言われ、縁側に近いほうを希望された理由が分かりました。

乗り物

バス

〈ステップは何段ですか〉

路線バスは停留所が利用したいところの近くにあるので、多くの利用者さんがよく使われます。ほとんどの利用者さんが自宅の近くの停留所から、まず路線バスに乗って出かけられます。

安全に乗降されることが一番で、そのために出入口のステップが2段かノンステップかを確認して、口頭で伝えます。また、歩道があるところはギリギリに停まってくれると乗りやすいですが、歩道とバスとの間隔によっては一度車道に降りなければならないこともあります。

ノンステップと言っても地面からはある程度の高さがあります。2段のステップの1段目よりも少し高い位置にあるので、特に車道へ降りるときは細心の注意を払います。

エピソード 車内にも段差があります

ほとんどの路線バスは、後ろから乗って前から降ります。後ろと言ってもほぼ中央に入り口があります。そこから後ろの席に行くのも段がある車両が多くあり、着席まで時間がかかります。降りるときにも段と降車口までの距離で苦労するので、終点まで乗る場合を除いて前にいることが多いです。

でも前は後ろに比べて座席が少ないので、着席できないこともあります。優先席もありますが、その席を必要とされるような方が座っておられることもあり、ときには優先席には無縁のような方が座っておられます。

すでに座っておられるほとんどの方は、優先席に関係なく席を譲ってくれるので、お礼を言って座らせてもらいます。

また、利用者さんは身体が元気な方がたくさんおられます。バスが空いているときは座りますが、混んでいるときはつり革を持って立っているのも平気な方もおられます。一度、その方が座っているとき途中から足が不自由な方が乗ってこられて「どうぞ、座ってください」と譲られたことがあります。

電車

〈プラットホームがカーブは要注意です〉

電車を利用するときに注意することは、バスと同様に安全に乗降することです。プラットホームから転落するとたいへんです。

ホームドアがあるところは電車が停まってから開くので、電車がいないときに転落の可能性は低くなりましたが、乗降のときは電車とプラットホームのすき間に注意しなくてはなりなません。特にプラットホームがカーブになっている駅はすき間が広いので、要注意です。

また、プラットホームの高さが電車の床よりも低くなっている駅があるので、つまずかれないようにお知らせします。

❖エピソード　なぜ転落してしまったのでしょうか

ガイドヘルパーと一緒ではなく一人で電車に乗るのが慣れている利用者さんが、いつものようにご自宅の最寄駅から電車に乗ろうとしたとき、誤って電車とプラットホームのすき間から転落されたことがありました。

最後部の車両だったこともあって、すぐに車掌さんが駆け付け近くのお客さんも協力してすぐにひき上げてもらい、幸いなことに少し足をすりむいただけですんだそうです。

慣れているのにどうして転落してしまったのか聞いてみると、いつもは最後部の車両の最後部のドアから乗るのですが、その日は上りと下りを勘違いして車両の真ん中のドアから乗ろうとしたためです。

上りのプラットホームは内側にカーブしており、車両は真っ直ぐなので３つあるドアの真ん中はプラットホームからかなり広く空いています。逆に下りのプラットホームは外側にカーブをしているので真ん中のドアはすき間がほとんどありません。私もそれを聞いてからカーブの駅での乗降を使い分けています。

タクシー

〈注意して乗り降りをします〉

タクシーは現在地から目的地まで直行なので時間もかからず、とても便利ですからよく利用されます。

乗降は、後ろの左側ドアから乗り降りされることが多いです。その際、車の屋根に頭をぶつけたりドアに挟まれたりしないか細心の注意を払います。ドアが外側に開くタイプの車が多いですので、利用者さんは左手で開いたドアをつかみ、右手で座席の位置を探ってゆっくりと腰を掛けられます。

そして、車内に身体が全部入られたのをこちらでも確認してから「ドアを閉めてください」と伝えます。引き戸で背の高い車種では、前もってその車の特徴を利用者さんにお伝えします。

エピソード　まるで観光タクシー！

予約以外は、タクシーに乗ってから目的地を伝えます。経路もこちらで指定するか運転手さんにお任せするのか、利用者さんが決めることが多いです。「坂道を道なりにくねくね行って、行き止まりを右に曲がってください」など、分かりやすく案内されることもあります。

ある日のこと、経路を運転手さんにお任せしたところ、白杖を持っているお客さんと気が付かれてバスガイドのように途中の川や建物を細かく伝えてくれました。いまどの辺を走っているか、あとどれぐらいで目的地に到着するか、手に取るように分かりやすかったことがありました。

それればかりではありません。買い物のためにタクシーに乗って阪神甲子園球場の近くを通っていたときに、球場が完成したのはいつごろかなど、高校野球の歴史を詳しく説明してくれました。そして、今の阪神タイガースの現状と今後の展望まで話してくれました。

甲子園球場は私もよく行きますが、歴史がよく分かりました。まるで観光タクシーに乗っているようでした。

新幹線

〈とてもワクワクします〉

利用者さんには旅行が好きな方がたくさんいらっしゃいます。また遠方で会議などがあるので、長距離を移動される方もいらっしゃいます。そのときは在来線の特急や新幹線をよく利用されます。

東海道・山陽新幹線は自由席車も連結されているので、短距離でも気軽に利用されることがあります。

それでもほとんどの方は、新幹線を使って旅行をするときは心が弾むような楽しい表情になっています。出かけるときは、忘れ物がないかを何回も確認されて、時刻も気にされています。

エピソード　きれいな富士山を予測します

私も新幹線で新大阪から東京まで、西宮市在住の方のガイドをしたことがあります。その方は前もって指定席券を購入されていて、その列車が新大阪駅を発車する1時間前に自宅を出発しました。自宅から在来線を使って新大阪まではおよそ30分ですから、30分の余裕があります。

しかし在来線がかなり遅れてしまい、乗る予定の列車はタッチの差で出てしまいました。それでも5分あとの列車の自由席車に乗ることができ横並びに座れて、東京にはわずか3分のちがいだけでした。

その方の新幹線での楽しみは2つあります。1つは車内販売でホットコーヒーを飲むことです。高速で走っている揺れは心地良さを感じて、その中で飲む味は格別なものがあるそうです。

もう1つは富士山が見られるかを予想することです。その日の天気予報で新幹線から富士山が見えるか、また見えても雲がどれだけ邪魔をしているかを前もって予想され、その付近に来たらこちらが様子を伝えます。その日は快晴で予想もズバリ当たりました。

船

〈揺れにご注意〉

栈橋は水に浮いていますので多少の揺れがあり、乗船口までスロープや段差があるので足元には特に注意します。乗船したら客室に行くにも甲板に行くにも階段になっていることが多く、しかも小型船は通路がせまいので、横にも足元にも頭上にも気を付けて進みます。乗船中に移動をする場合は他のお客さんの動向をよく見て、揺れに注意をします。

船からの景色も刻々とお伝えして、特に有名な建物や自然が作りだす絶景が見えたさいは細かく説明して、ときには私が感じたこともお伝えします。

さいごに、船から降りるときは、慣れによる油断がないように乗船するとき以上に気をつけるようにします。

❖エピソード 潮風がとても心地いいです

利用者さんで船に乗るのが好きな方がいらっしゃいます。長距離フェリーのような大きな船でゆったりと移動されることもあるそうですが、30人～50人乗りぐらいの観光船によく乗られます。これぐらいの大きさの船だと波の動きが直に身体に伝わってくるので、船に乗っているという実感があるからだそうです。

ある日、熊本方面の海に出かけイルカウォッチングの船に同行させていただいただいたことがあります。50人乗りで往復の時間も入れて約1時間の乗船で、デッキに出ると潮風が心地よく吹いていて、大海原を軽快に走行していきます。

港を出て15分ぐらいでイルカが群れになって泳いでいるところに来たので、船は速度を落としました。私は利用者さんにそのことをお伝えしてデッキの先頭に案内しました。イルカがすぐ近くまで来ているのと、ときどきジャンプをしてくれるので私が説明しなくても動きが分かったそうです。

天候によっては欠航や出航しても見ることができないことがあるので、ラッキーでした。もしこの日にイルカが寄ってこなかったら、次の日にも乗ると決めていたそうです。

飛行機

〈手続きが多いのが難点です〉

飛行機に乗る前には、航空券の購入・搭乗券の発行・大きな手荷物の預け入れ・保安検査など、さまざまな手続きをする必要があります。そのために空港へは早めに行っておきます。

保安検査ではトレイに財布などをのせることがありますので、利用者さんが自らそれを行うのかも確認します。搭乗口から飛行機の入り口まで通路になっていることが多いですが、バスに乗ってタラップを上がるようになっているところもあります。その場合は普通の階段よりも足元に特に注意します。

飛行機の中の通路はせまいので、他の人や物にぶつからないようにします。着席したらシートベルトがきちんとついているかも確認します。

エピソード

時差ボケを試します

コロナ感染のため飛行機での移動がほとんどできませんでしたが、飛行機が好きな利用者さんがいらっしゃいます。その方が次に飛行機に乗る予定を話してもらいました。

5年ぐらい前から急に視力が低下されて、その後、行動制限もあり旅行ができなかったのですが、10年ぐらい前までは海外にも飛行機に乗って旅行をされていました。

その方は観光をしたりその地域でのグルメを味わったりするような楽しみ方よりも、体感に重きをおいているようです。たとえば日本では真冬でも、オーストラリアに行けば真夏で泳ぐこともできて、気温のちがいを楽しみます。

ヨーロッパの方へ飛行機で行けば、着いたときに自分の時計は夜のはずが実際は朝なので明るくなり始め夜まで時間があり途中で眠くなります。いわゆる時差ボケを味わうことができます。目が不自由になっても同じように時差ボケになるのか、それを試したいのでヨーロッパかアメリカ旅行を計画されているようです。

エスカレーター

〈乗るタイミングに注意します〉

大都市の駅は、階段もエレベーターもエスカレーターもあります。利用者さんはよくエスカレーターを使われます。乗る少し前に「あと2メートルぐらいで上りエスカレーターです」と声掛けをします。2人用の場合、ほとんどの利用者さんは歩いているときと同じように右側に立たれます。

乗るタイミングが難しいのですが、慣れておられる方は踏み面に段差ができるときに白杖を当てて瞬時に距離をつかみ境目を踏むこともありません。また人によっていろいろな方法があり、適当に乗って踏み面の段が少しついたら感触で分かるので、すぐに足の位置をずらします。その際はこちらも「5センチほど後ろへ」などと声かけをします。

❖ エピソード

途中で踊り場が出現！

エスカレーターも時代とともに進化しています。乗る人が来るまでは停まっているものや速度が遅い物もあります。また乗り口と降り口に段差がない物もあります。しかし種類が増えて複雑になってきますと、かえって慣れるまでは乗り降りに苦労します。特に途中で段差がなくなる種類の物は、降り口に近づいてきたものと勘違いして降りる準備を始められることもあります。

こちらからは利用者さんが誤動作をされないように、前もって声かけをします。途中で段差がなくなる昇りエスカレーターの場合は「もうすぐ真っ直ぐになりますが、また上り始めます。階段の踊り場のような状態です」

実際に乗ってみますと「その間はまるで動く歩道のようですね」と返されました。

以前は2人乗りのエスカレーターでは「お急ぎの方のために、左側をお空けくださ い」（関東などは右側）と言う放送が流れていましたが、今では2列に並んで立ち止まって乗るようにかわってきました。利用者さんと並んで乗ると安心されて、こちらも声かけがしやすいので、さらにそれが定着することを願っています。

エレベーター

〈身体の向きをかえなくても大丈夫〉

エレベーターは強い味方です。乗り降りは静止した状態で、しかもほぼ段差がないので安全です。

しかし乗るまでには時間がかかることが多く、特に高い建物ではエレベーターの数にもよりますが、相当待つことがあります。やっと乗れても混雑していることがあり、降りるためには身体の向きをかえる必要があるので、他の人に当たらないようにするのに苦労します。

最近はドアが2か所ある「スルー型」が増えてきました。これは車いすなどを使う人が向きをかえなくても利用できるように配慮された物ですが、とっても便利で、ある利用者さんは「最初に乗った人が最初に降りることができていいね」と満足そうでした。

❖エピソード　エレベーターガール（ボーイ）のようです

エレベーターは待つのが当たり前ですので利用者さんも慣れたもんですが、それでもどれぐらい待つのか目安の時間をお知らせします。どのエレベーターが何階にいるかを刻々と伝えることもあります。

そして「間もなく正面のエレベーターが到着します」とお伝えしてドアが開くと、降りる人のおよその人数と、ベビーカーや車いすの方がいらっしゃるかもお伝えして「乗ります」と言って中に入ります。

買い物のために初めてデパートを利用される場合は、こちらで前もってどの品物がどの階にあるかを調べておくこともあります。しかし、通りかかったところで急に買い物をされることもよくあります。

大阪でのことです。利用者さんの用事が終わって帰る途中に、「服を買いたい」とおっしゃられデパートに寄りました。エレベーターに乗るとすぐに中にある案内を見て説明します。

「紳士物の服は7階と8階にありますが、どのような服ですか」

「セーターのように着やすい服が欲しいです」

「それでしたら7階です」とやりとりをしました。降りてからこの方が私に「まるでエレベーターガール、いやボーイみたい」とおっしゃられました。

車椅子

〈安全第一が基本です〉

車椅子で外出される利用者さんもいらっしゃいます。道路を通行するときは勾配や凹凸を確認して、自動車・自転車・歩行者に注意しながらハンドルをにぎり、安全な速度で目的地に向かいます。

歩行時と同じように目安になる建物などを刻々とお伝えして、信号待ちで停止しているときは周りの状況を説明します。

歩行のときとはちがって利用者さんの身体の動きがほとんどないので、気温と湿度に気をつけます。暑い日は日陰になるところを、寒い日は逆に日向のところをできるだけ通行するようにして心がけて、常に利用者さんの体調に注意を払います。

エピソード　Ｓ・Ｍ・Ｌのサイズがあります

車椅子は一般用と競技用があり、一般用でも標準タイプや電動タイプなどのいろいろな種類があります。また利用者さんの身体の大きさによって、洋服と同じようにＳ、Ｍ、Ｌのサイズがあります。

私が今までに何人かの方に同行させていただいた中で、Ｌサイズの車椅子の方がいらっしゃいます。

自宅はマンションの上階なので、外出されるときはまずエレベーターに乗りますが、そのエレベーターが細長いタイプなので入り口がギリギリ通れるぐらいで、奥の鏡をたよりになんとか出ます。

そのあとはタクシーに乗って移動されます。介護タクシーなら車椅子用の設備があって乗降がスムーズですが、料金を考えるとほとんどが一般のタクシーを利用されます。

車椅子は後ろのトランクに積みますが、Ｌサイズですからトランクのドアが閉まりません。

　それでも運転手さんはロープを出してこられて手際よく車椅子とドアを固定され、目的地に着いたらまた軽々と車椅子を出されました。素晴らしいです、運転だけではないプロの技を見ることができました。

歩行器・歩行車・シルバーカー

〈3つの種類があります〉

　歩行の補助具として、歩行器・歩行車・シルバーカーがあります。利用者さんの中には、そのうちの車輪がついている歩行車とシルバーカーを所持されていて、主に短距離の外出時に利用されています。

　歩行車は歩行が困難な方が使用されていますから、速度はゆっくりですがハンドルも持ちやすく、しっかりと身体を支えて安定して進むことができます。

シルバーカーはほぼ普通に歩ける人が主に荷物を運搬する目的で使用されますので、歩く速さに近いですから、周りの状況をよく確認して無理な歩行になって転倒の危険がないかなど、特に注意をします。

❖エピソード　歩ける幸せを感じます

歩行車と車椅子を所持されている利用者さんがいらっしゃって普段は車椅子で外出されます。そのほうが目的地での居場所が確保しやすいからです。

たとえば病院では、待合室や診察室でそのまま長い時間でも車椅子に座っていることができます。

散歩に出かけられるときは歩行車を使用されます。歩く練習をされるのが目的で、広い公園内をゆっくりと、しかも5分間ぐらい歩くと3分間の休憩を入れられて、全部で20分ぐらい歩くと終了です。

それでもご自分の足で歩かれるときは、車椅子のときとちがって身体が軽やかで、とても生き生きとした感じが伝わってきます。会話もはずみ「今日はとても空気がうまい」と満足そうです。

それから何回もご一緒させていただき、歩行の努力をされてコースも平坦なところから徐々にアップダウンのあるところにも挑戦され、距離も当初の倍ぐらいに長くなってきました。

行事

お通夜・告別式

〈寄り添います〉

利用者さんがお通夜・告別式に出席のための依頼は早くても前々日ぐらいで、ときには当日になることもあります。

こちらの服装は喪服や略礼服までは必要はないと思いますが、派手ではないスーツ・ネクタイ・靴下を着用するのがマナーです。

そのためにその依頼が急に入ってもガイドができるように、日ごろから用意しておきます。

亡くなられた方が利用者さんとどのような関係だったかは、ほとんどの場合は知らされません。移動をしているときに表情などを見ながらタイミングを考えて、少しでも気持ちがやわらぐような話をしていきます。

❖エピソード　スクリーンに思い出が…

利用者さんが中学生のときの音楽の恩師が亡くなられ、そのお通夜にご一緒させていただいたことがあります。

会場までの移動では当時の恩師のことを少しずつ思い出した様子で、3年生の授業のことを中心に話をしていただきました。その中でいちばんの思い出は、四部合唱の練習のときに歌詞の内容がおどけているように感じて、ほとんどの人が笑ってしまって授業にはならず、いつまでたってもそれが続いたので、ついに先生は音楽教室から出ていってしまわれたそうです。

クラス代表が職員室まで謝りに行ったのですが、戻らないと言われて、その代わりに歌詞の意味を書いた紙を渡してくれました。クラス代表を中心に自分たちで練習すると、いい合唱になり、授業の終わりかけたころ先生が戻ってこられて拍手をされたそうです。

お通夜の終わりかけに「中学校の思い出」という題でビデオ放映があり、会場内のスクリーンに映し出されました。四部合唱の画像もあり、こちらからの説明もスムーズにできました。

そして四部合唱の音楽が流れると、会場内は悲しみから温かみの雰囲気につつまれました。

会議

〈1年に1回はあります〉

利用者さんの中でお仕事やサークルなど、いろいろな場で人との交流を活発にしている方が多くおられます。

そのため1年に1回は規則の見直しなどで会議があります。会場までのルートも調べて置き、着いたら場内の椅子や机の配置を伝えて、指定席になっている場合はそこまで誘導して、席が決まっていないときは空いている席を見つけて着席します。

配布されている資料を確認して、点字と墨字を選択できるようであれば、利用者さんに希望をお聞きします。墨字しかない場合は代読、そしてスクリーンに映し出される内容の説明も希望されるか確認します。

エピソード　目にもとまらぬ速さにビックリです

たくさんの方の参加があった会議の、書記担当の利用者さんの同行をさせていただいたことがあります。

議長や発表者が発言されたことをタイプライターやパソコンなどを使わずに、ものすごい速さで点字器に打ち込んでいかれます。まさしく「目にもとまらぬ速さ」と言っても過言ではありません。

それが果たして本当にすべての言葉を打ち込んでいるのか、またどれぐらい正確であるのかが気になるところでしたが、発表者がひととおり発表し終えると書記のその方から内容をみなさんに伝えます。すると要点をもらさず、話しを3つぐらいに整理してうまくまとめて話されたので、とても分かりやすかったです。

あまりにも素晴らしかったので、会議が終わったあとにコツを聞いてみると「だいたいどの人も3つの柱を持って話されています。ですから長い話になっているように見えても3つの言葉を打ち込んでいるだけなのです」といとも簡単そうでしたが、その3つの柱が私にはなかなか見つかるものではありませんでした。

年末

〈大晦日はやはり年越しそば〉

大晦日と言うと大掃除や餅つきや新年に向けての買い物など、あわただしいようなイメージがあるかも知れませんが、ほとんどの方はその前日までにすまされて、その日は比較的のんびりとされているのではないでしょうか。もちろん、お煮しめ作りなどでいつもより忙しいご家庭があることは言うまでもありません。

年末に利用者さんが外出されるのは27日から29日までが多く、鏡餅やお酒などの新年に向けての買い物をされます。鏡餅は自宅の神棚に合う大きさでないといけませんが、箱に入っている物が多いのでその箱に触れてもらい「中身はそれよりも少し小さいぐらいです」と付け足します。また飾りもたくさんの種類がありますから、声かけで説明をしていきます。

❖エピソード　これも「おそば」です

ほぼ毎年、大晦日に外出される利用者さんがいらっしゃいます。目的はお店へ行って年越しそばを食べることですが、決まったお店があるわけでもなく、またそばではないこともあります。

その方は麺類が大好きで、年明けも元日から3日までうどんやおそばを食べられる予定です。また、ラーメンも「中華そば」と言うところもあり、その中に入っているのでお店の種類が豊富です。

大晦日に麺類のお店を数件まわり、正月休みを調べます。毎年、元日から営業しているところが1軒あるのでまずそのお店を確認します。そして他のお店も調べて元日から3日までに行くお店を決めます。それが決まるとお正月に行くお店以外で、年越しそばのお店に行きます。

お正月休みの都合で、年越しそばは中華屋さんになることが多いです。たくさんの種類の品物がある中で、いちばん年越しそばに近いラーメンを注文されると思っていたら「焼きそば」でした。

「その品物だけ、そばと書いてあるでしょう」という訳です。

年始

〈初詣はやはり元日に行きたいですが…〉

初詣は年齢層によってばらつきがありますが、日本人の半分以上が毎年行っているという調査があるぐらい、神社やお寺はたくさんの人出になっています。

初詣の期間は1月いっぱいまででいいとか松の内まででいいとか、いろいろな考えかたもあるようですが、お正月の三が日に参拝するのが一般的なようで、その中でも元日はいちばん多くの参拝者が訪れています。

利用者さんの中にも初詣に行く方がたくさんいらっしゃいます。ほとんどの方は混雑する日は避けるため、三が日が終わった平日に参拝されますが、元日に決めている方もいらっしゃいます。

エピソード　混雑していないところもあります

いろいろな神社やお寺を調べて、毎年ちがうところへ初詣に行く利用者さんがいらっしゃいます。

ある年は、自宅から近い神社でしかも小ぢんまりとしているので、ゆったりと参拝できたところもあります。またある年は、1時間に1本しか運行していない路線バスに乗って30分、停留所から歩いて20分、そして80段ほどの長い階段を上がってようやくたどりつけたお寺もあります。

また、全国的に有名な神社でアクセスもいいのですが、やはり参拝者が多く身動きが取れない状態が続いたこともあり、はぐれてしまってはたいへんなので人波に逆らわないようにゆっくりと進んで、やっと本殿にたどり着いたときは寒いのに汗がにじんでいました。

別の利用者さんが、元日に初詣に行ったときのことを話してくれました。

「大阪の有名な神社に行ったときは参拝に慣れているガイドさんでした。本殿までは身動きが取れない状態でしたが、本殿の反対方向に丑が祀られていてそこを勧められました。私の干支だったので感激し、その神社に行く話を持ち掛けられたわけが分かりました」

参拝

〈御朱印をいただきに〉

お正月以外にも、お寺や神社に参拝に行く方がけっこういらっしゃいます。また、朱印帳を持参して御朱印を社寺からもらうため、１日の間に複数の神社や寺院を参拝される方も多いです。

季節限定の御朱印を頂けるところがあります。場所や期間や金額などを調べてから社寺にもらいに行く方もいらっしゃいます。春の季節は明るい花の色の御朱印が多くあり、利用者さんにその説明をすると、清々しい気分になった様子が伝わります。

宮司さんの達筆な筆さばきには、目を見張るものがあります。その字の説明にこちらも力が入ります。

❖エピソード　2か所の選び方が完璧

2月下旬頃に、兵庫県宝塚市の清荒神清澄寺と中山寺に年配の方の同行をさせてもらいました。ともに阪急宝塚線沿線で、しかも2駅しか離れていないところです。

清澄寺は清荒神駅から参道を歩いて30分あまりのところですので、少し体力が消耗します。

また、境内も広く坂道も多いですから歩く速度もかなりゆっくりです。なんとか御朱印を頂けるところに着き、3種類押してもらいました。そのあと本堂に参拝する予定でしたが、少し離れたところでストップして、お賽銭は私がかわりに入れるように頼まれ、本堂の方向に手を合わされました。

その後中山寺に行きました。

そこは中山観音駅から歩いて数分のところなので、すぐに到着です。しかも境内にはエレベーターとエスカレーターがあり、疲れた身体には一安心です。頃朱印を頂けるところにもすぐに着き、５種類押してもらいました。

本堂にも自ら参拝することができ、お賽銭箱の方向と距離を説明するとうまく投げ入れました。

２か所の寺院の選び方も順序も、とてもお見事でした。

大事なことです

確定申告

〈税務署まで行きます〉

利用者さんは、マッサージの仕事をしている方が多くいらっしゃいます。そのほとんどの方がご自宅やお店で営業されています。その他、いろいろなお仕事をされている方いらっしゃって、そのため確定申告をする必要があります。

最近はスマートフォンを使って自宅でできるようになってきているので、税務署もそれを推奨しています。利用者さんもスマートフォンを持つ方が増えてきましたが、機器の扱いに慣れている方はまだ少数派です。

そのため、ほとんどの方は毎年2～3月の税務署まで出かけられて確定申告をされています。

❖エピソード　空いている日をねらったが

ご自宅でマッサージの営業をされている利用者さんは、毎年税務署まで出かけて確定申告をされます。期間は例年2月16日から1か月間ありますので、できるだけ空いている日を予想して行かれます。

最初の日の2月16日に行ったことがあったそうですが、一番乗りで来ているような人もいたようで、かなり混んでいたので明くる年からは避けるようにしました。また、3月になると駆け込みで来る人が多くなってきます。

ある年の2月下旬に私が同行したときは、朝からしっかりと雨が降っていました。

雨だから空いていると予想を立てられていました。時刻は午前9時半ぐらいでしたが、建物の外で25人ぐらいが列を作っておられ、やっと中に入ってもまた同じ数ぐらい並ばれていました。

予想が外れてみんな同じことを考えていたのか、これでも晴れている日よりも人数が少ないのか分かりませんが、この日からまた来年に向かってスマートフォンのことも視野に入れ、新たな作戦を考えておられました。

選挙

〈無事に投入口まで〉

利用者さんを投票所まで同行します。投票所に着いたらお知らせのハガキを受付に渡して、点字が打てる方はその用紙を受け取り記入する台までご案内して、打ち終わったら投票用紙を入れるケースまで行き、投入されたら終了です。

点字が打てない方は係の方に代理投票を頼みます。係の方は2人態勢で、1人が代わりに書いてもらい、もう1人は書いた内容が間違っていないかを確認します。ガイドヘルパーが代わりに書くことはしません。

投票所への道中ではコースの説明や投票の時間帯など、一般的な話はしますが、決して誰に投票するかとか政党のことは一切口にはしません。また帰りの道中でも同じで、投票が終わると気が緩み勝ちになるので、特に気を付けます。

エピソード　自ら書かれます

点字が打てない利用者さんで、毎回代理投票を頼まれていた方の投票所への同行をしたことがあります。

その投票所は、書く人と確認する人のほかに総監督のような人もいるので、いつも3人態勢です。選挙投票ですから絶対に間違いのないようにするという意図は分かりますが、自分1人のために3人で関わってくれるのは気が引けるので、なんとか別の方法がないか考え、その日は自分で書かれました。

その日までに書く練習をされていたのです。投票用紙は右半分にどの選挙投票か、それと注意事項が書いてあります。そして左半分の太枠内に上から下へ候補者氏名を書くので、用紙の書き始めの位置が決まると下の字まで正確になります。

練習の最初は枠からはみ出すことがあったそうですが、わりと早く枠内にきちんとおさまるようになり、本番でも自信を持っていらっしゃいました。

投票所では投票用紙が表で上下の向きもあっているかを確かめて台までご案内すると、すぐに書き上げられました。

病院での検査

〈いろいろな検査があります〉

　ほとんどの利用者さんが眼科の定期検査を受けられていますので、病院までご一緒させていただくことが多いです。定期検査の場合は結果が異常なしのことが多く、目薬などの薬をもらっている方も薬がかわることは少ないので、比較的スムーズにいくのでほぼ予定の時間で終わります。

　たまに検査を受けられたあとに治療をされることがあり、そのために時間がかかることがあります。

　眼科以外でもいろいろな検査を受けられます。検査中は待合室で待機していることが多いですが、検査の種類によって、かつ利用者さんが希望された場合はこちらがお手伝いすることがあります。

エピソード

看護師になったみたい

大腸カメラ検査のお手伝いをしたことがあります。検査当日には大腸を空っぽにするために大量の下剤を飲まなくてはなりません。検査を受けるほとんどの人は自宅でそれをすませて、病院では検査だけをされるのですが、それができない人は病院でもできるようになっています。

検査を受ける約2時間前から下剤を飲んで行きます。大量の水の中に下剤が入っていて、それを数十分おきに決められた量を飲みます。ですから間違えないように時間を計り、水はあらかじめ1回に飲む量をコップに入れておきます。

そして、トイレに行かれたら流す前に色を見て、水に近い色になっていないかを確かめます。水に近い色になっていたら看護師さんに報告します。最終的に検査を受けることができるか看護師さんが確認します。

確認されて検査を受けることができるということは、こちらの判断が正しかったと言うことですから看護師になったような気がして、利用者さんにも安心して検査を受けてくださいという思いが強くなりました。

薬局

〈薬はどこに〉

病院で治療などをしてもらったら薬が出ることが多いです。今はほとんどが院外になっていて、大きな病院の近くには複数の薬局があります。

ほとんどの利用者さんは、どこの薬局にするか決めておられます。いちばん便利な病院からいちばん近いところに行く方や、待ち時間が少ないのをねらって5分ぐらい歩いていくところに行く方や、どこの病院へ行っても自宅の最寄り駅の近くの薬局に行く方などさまざまです。また、少しでも手間を省くため院内で薬がもらえるクリニックに決めている利用者さんもいらっしゃいます。

❖エピソード　家族みたいなので

自宅からそんなに近くはないのに、行きつけの薬局にされている利用者さんがいらっしゃいます。

そこは以前住んでいた家の近くで、今の家に引っ越しをする数十年前からお世話になっているからです。

目が悪くなって、眼科のお医者さんに通い始めたころに初めて薬をもらいに行ったところで、とても不安な気持ちだったのがじっくりと話を聞いてくれて安心したので、そこに決めたそうです。

それ以来、眼科以外で治療を受けたときでもそこで薬をもらうようになり、薬に関してのアドバイスはもちろんのこと、その病気がそれ以上悪化しないような注意事項も付け加えてもらいまいた。

さらに、いつも食べている物の改善や日ごろの生活からストレスがないかなどの相談のようなことを話しかけてくれるので、まるで家族と話をしているみたいに感じるようになったからそこに決めておられます。

面会

〈大切な荷物も〉

病院に入院している方との面会は、コロナ禍においては感染拡大防止の観点から家族でもできないところが多くあります。そんな中でも病気の症状や家族の状態によって、短時間の面会が認められているところもあります。また、３回目以上のコロナワクチン接種済証明がいるところもあります。

病院の面会室までご同行して、面会終了時刻までは室外あるいは病院の外で待機しています。そのときに荷物の受け渡しがあるときや書面の代筆を頼まれたときは、それが終わってから面会になることもあります。

持ってきた荷物と持って帰る荷物が混同していないか、バックなどにきちんと収まっているかを確認してから面会室から出るようにします。

❖エピソード　このアイドルグループのファンだから

利用者さんのお母様が入院されたので、面会に行くのを同行したことがあります。その前に、病院に持っていく必要な物を買います。そのときは、靴下と週刊テレビガイドでした。

靴下の色はピンクがお気に入りだそうですのでお店でさがしましたが、足に合うサイズでピンクに近いのはオレンジ色しかありませんでした。別のお店に行くことも持ち掛けましたがその色を買われました。

テレビガイドは出版社別に5種類あり、値段も内容もほぼ同じです。決め手は表紙に載っているアイドルグループです。お母様はあるアイドルグループの熱心なファンで、お菓子などの製品を選ぶときもそれを基準にされるそうです。

面会室で買ったものを渡されているとき、お母様は靴下の色も、テレビガイドもたいへん気に入ってくれて、私もほっとしました。

利用者さんはお母様の好みをきちんと把握されて、たいへん仲睦まじい親子関係だと感じました。

外出許可

〈新鮮な空気が吸える〉

病気やケガで病院に入院されている利用者さんもいらっしゃいます。回復されてきたので外出をされる場合があります。

長い入院生活の方は、久しぶりの外出をとても楽しみにしておられます。病院の門から1歩出たとたんに、今までとはちがう世界に来たような、何とも言えない明るい表情になります。

外出最初の日は長い時間歩くと足がまだ慣れていないので、途中休憩をしながら利用者さんの意見を聞きながら様子を見て引き返します。たとえ20～30分でも外の新鮮な空気を吸えて満足されます。

❖エピソード　これで煙が吸える!?

男性で、ヘビースモーカーの方が入院されていました。その方に1時間ほどの外出の許可が出されました。1月の寒い日でしたがすごく楽しみにしておられ、私が病室に着くかなり前から外出用の服に着替えて準備されていました。

外出の楽しみは「喫煙」です。その病院内では中庭も含めて全て禁煙になっており、喫煙ルームもありません。ですからカバンの中に、煙草とライターと携帯用吸い殻入れが入っています。

その病院は海岸に近いところですから、浜まで散歩をすることになりました。冬の浜は人もほとんどいないので、思い切り煙草が吸えることも選んだ理由の一つです。外に出ると開口一番が「気持ちがいい」でした。病院内は空調でいつも一定の温度が保たれているので、寒くてもある程度の刺激が欲しかったようです。

浜に着くと潮風がさらに気持ちのよさを増したてくれたようで、深呼吸を何回もされていました。そして「こんないい環境で煙草を吸うのはもったいない」と言われると、そのまま戻ってきました。それ以降、煙草はスパッとやめられました。

おわりに

新型コロナウイルスの感染が広まった頃は、利用者さんの外出がある程度少なくなっていました。商業施設もスポーツジムも劇場も休業しているところが多くあり、特に福祉関係の施設の利用は大きく制限されていました。

それでも利用者さんは買い物などに出かけられましたので、ガイドヘルパーの仕事も少し減った程度でした。スポーツジムに通っていた方も運動不足にならないように、空いている場所で早歩きをしたり柔軟体操で汗を流されたりしましたので、今までとはちがう形でご一緒させてもらったこともありました。

令和5年5月に五類に移行されてからも、コロナ前にやっていたことを全て戻す方はほとんどいらっしゃいません。むしろ行動も考え方も一歩前進されている様子です。コロナ禍でいろいろ苦労されましたが、それ以上に工夫もされています。

ある利用者さんがこんなお話をされました。「新型コロナウイルスが流行したのがきっかけで、ごく普通の生活ができていたのが当たり前ではなかったことに気付きました。これから先、またちがう種類のウイルスが現れてくるかも知れませんし、病気以外のことにも世界に目を向けたアンテナを立てようと思います」

利用者さんは一歩先のことを常に考えておられます。私たちガイドヘルパーも時代の流れを見据えて、新しい情報をキャッチするようにしたいものです。いつもの利用者さんがいつもの場所に行くので、いつもと同じように対応するのではなく、今から新しいことが始まる、そんな気持ちでスタートします。

各種行事が復活してきて、今まで以上に活気が増してきた感じがします。スポーツも盛んになって、パラリンピック種目に入るように、積極的に働きかけてみると意気込んでいる競技もあります。

いろいろな障がいがある方と交流する機会があり、それぞれのハンデを乗り越えて力を発揮されている姿には目を見張るものがあります。視覚障がいの方は全障がい者のうちの10％ぐらいというです。

私も微力ながら、どの利用者さんでも外出がさらにしやすくなるように、今まで以上に研鑽を重ね、視野を広げて、ガイドヘルパーの仕事を続けていきたいと決意しております。

本書の発行にあたり、ごま書房新社の池田雅行社長、制作担当の海谷千加子さんには大変お世話になりました。心からお礼申し上げます。

村山　茂

◆参考文献

『幸せの入り口屋　いらっしゃいませ』西亀真／ごま書房新社
『盲人福祉の歴史』森田昭二／明石書店
『「生活のアスリート」になろう。』中谷彰宏／ベースボール・マガジン社
『風ふく道で』時田直也／マナブックス
『同行援護従業者養成研修テキスト』同行援護従業者養成研修テキスト編集委員会／中央法規

◆取材したところ

兵庫県立障害者スポーツ交流館／伊丹市役所／エフエム伊丹／西宮市役所／西宮市総合福祉センター／西宮市立図書館／日本ライトハウス／神戸アイライト協会／関西学院大学／ＪＲ西日本／ＪＲ東海／阪急電鉄／阪神電気鉄道／阪神バス／阪急バス／阪神タクシー／尼崎スポーツの森／菊若会／Jazz Group LUNA／マッサージ山﨑／清荒神清澄寺／中山寺／甲子園歴史館／天王寺ミオ

◆著者略歴

村山 茂（むらやま しげる）

1954年、兵庫県西宮市生まれ。

高校を卒業後、国鉄（現在のJR）に勤務して、4年で車掌になる。佛教大学教育学科（通信教育）に入学して、教員免許を取得。

1985年、国鉄を退職した翌年に、兵庫県において小学校教諭となる。FM伊丹の市民スタッフにもなり、現在も番組（ディスクジョッキー）を担当。

2015年、小学校を定年退職後、引き続き非常勤で現在も児童を指導。ガイドヘルパー（同行援護従業者）の資格を取得し、視覚障がい者の外出、活動を支援している。

●主な著書

『やはり、ブラックなんでしょうか？先生の仕事を100選びました。』ごま書房新社
『クイズ鉄道100線の歌』成山堂書店
『阪神・淡路大震災から100学んだ』海文堂出版
『親子で楽しむ兵庫の算数』（共著）甲南出版
『可愛い子には鉄道の旅を』交通新聞社新書
『JRの車掌と小学校の先生、さらにはアナウンサーになった件』マイナビ

ガイドヘルパーが感動した
驚きのチャレンジ精神

2023年9月18日　初版第１刷発行

著　者　村山 茂
発行者　池田 雅行
発行所　株式会社 ごま書房新社
〒167-0051
東京都杉並区荻窪4-32-3
AKオギクボビル201
TEL 03-6910-0481（代）
FAX 03-6910-0482
カバーデザイン　（株）オセロ 大谷 治之
DTP　海谷 千加子
印刷・製本　精文堂印刷株式会社

ISBN978-4-341-08846-0 C0095